開鎖人的曲別針

解讀文字世界裏的香港、人生和信仰

胡燕青 著

基道出版社

開鎖人的曲別針

解讀文字世界裏的香港、人生和信仰

作者
胡燕青 Wu, Yin-Ching

責任編輯
羅慧琪

裝幀設計
奇文雲海．設計顧問

出版 / 發行
基道出版社
香港沙田火炭坳背灣街 26 號富騰工業中心 1011 室
LOGOS PUBLISHERS
Unit 1011, Fo Tan Ind. Centre, 26 Au Pui Wan St., Shatin, Hong Kong
電話：(852) 2687-0331　傳真：(852) 2687-0281
網址：http://www.logos.com.hk

承印
海洋印務有限公司

6/2016 初版
Cat. No. LP837
ISBN: 978-962-457-523-1

刷次	10	9	8	7	6	5	4	3	2	1
年份	2025	2024	2023	2022	2021	2020	2019	2018	2017	2016

目錄

一

香港，補丁的民謠

近年，書寫香港的文字頗多，但不少寫得粗疏；文學的眼睛卻是含蓄而敏細的，細到要用安靜的心來讀。

1

翻滾的衝動
——讀麥樹堅的散文〈泥鯭〉

〈泥鯭〉是一篇寫得非常細密的大散文。樹堅的文筆向來如此，但這一篇在細密之上又再加上了含蓄，要在閱讀時盡得其精粹，必須加倍專注，否則會錯過作品真正的主題，誤以為它只是單純寫童年往事的小品。這篇長達二千八百字的散文於《大頭菜文藝月刊》創刊號（2015 年 9 月）發表，現收錄於麥樹堅的散文集《絢光細瀧》[1] 中。

這個作品以三次釣泥鯭的經歷為主要「站台」，讓閱讀列車上的我們得以稍微駐腳、好好前瞻和回顧。文章開始不久，小小的「泥鯭」已經登上了作者精心設計的舞台——牠在超市魚缸水深五寸的「淺水區」裏游動，點燃了作者一連串成長的記憶。那小池是「花蟹和龍蝦都有螯不能展」的狹窄環境，是作者的處境，也就是大部分香港人的現實。「花蟹和龍蝦」的尊貴和美麗是泥鯭所沒有的，牠只是「下價魚」，然而牠更有能力在惡劣的環境裏求存。故事開始於八十年代後期。那時，樹堅的父親帶他到「誰多利亞港」去釣魚，首先上釣的正是泥鯭。

樹堅娓娓道來，把文章刻意佈置成一個小男孩央求父親帶他去釣魚的親情故事。其中上百細節，包括如何從屯門坐車坐船到中環去的過程，卜公碼頭的場景、老伯所賣的魚餌等，無一乖離現實，絕對能夠滿足淺層閱讀的需要；然而他同時也創造了深層閱讀的空間，像一個巨大而華麗的溶洞，使人驚歎的景色就在讀者腳底下的隱藏世界裏開展。作者如此安排，讓匆忙的讀者可以繼續匆忙，他仍必看到一段完整的個人歷史；但細心的讀者也不會白白花了心思，因為他們必得到一個屬於廣大香港市民的立體世界。原來樹堅筆下不但跳躍著個人的不安，更充滿整個社會的失衡：「老伯送的魚餌極好用：乾淨、易拿捏又有效。多年後我上網解謎，才知道那團鮮黃色是麵粉、雞蛋、糖等食材的混合物，不過比例要斟酌」，「否則黏度不夠又無香味」。一如水面冰山的剔透冷靜其實意味著更深沉、更龐大的實體——當頂端的任何角落融化，等平的水面下其實潛伏著某種巨大的、翻滾的衝動。「誰多利亞港」的「誰」看似一個小學生所寫的錯別字，其實是個文學亮點；而「卜公」也暗示著社會的「不公」。往日的香港之所以「香」，條件是各階層人的「比例」均經過「斟酌」，而「黏」則隱隱指向城市的凝聚力，雖然當時的世界也不完全公平，但人人有生存空間——小市民如此，泥鯭也一樣。但現在，「誰」一直為了使自己「多利」，令這個地方累積起必須先翻滾才得以平復的怨憤？

八十年代，香港輕工業優勢漸失，工廠紛紛移設內地，本來在香港工作的父親隨廠北上，要養家辛苦得多了。此次放假釣魚，「接連的成功令父親得意忘形，而『得意忘形』是他訓斥我的常用詞。父親向來嚴肅、克制、自律，我沒想過他會咧嘴高舉魚穫，讓泥鯭甩出的污水沾濕眼鏡。我後來才知道他在國內工作吃了不少苦頭，這記得意忘形是情緒的反彈，是心情的瞬間空白」。這是多少香港一家之主的苦況！「喝過湯，父親坐在沙發上睡睡醒醒，翌日又長途跋涉上深圳工作。」

大半年後，樹堅父子第二次去釣泥鯭，但其時他們已經再找不到夠黏度又有香味的魚餌了。那麼泥鯭吃甚麼呢？問題正正就在這裏。樹堅說：「我們勉為其難以小食亭售賣的蛋糕當魚餌，可是蛋糕遇水即溶，結果只僥倖釣到一、兩條咬魚鈎的傻泥鯭。」時代變了，當「搬廠浪潮捲走工業區一半廠房，輕工業山窮水盡，父親必須中、港兩邊走才保得住工作。起初他每周上去兩、三天，後來是連續六天，忙起來甚至不回港」。不知多少香港家庭須要變形、扭曲才能把孩子養大，更不知多少孩子被迫面對破碎的家庭。樹堅就是在這種情況下給「催熟」了的：「那年我升中，是個欠缺存在感的幽靈學生。……在學校裏，老師已認定公然說粗話的我會被中三淘汰試篩走。父親不太關心我的學業，低低的班名次、級名次皆被我用藉口搪塞過去。充足的零用錢，讓我毫無顧忌買漫畫、球鞋，若非躲在房裏臨摹漫畫人物，就是抱著籃球走出去。父親也開始幽靈，回家的模樣像客人，大事無法等他回港才處理，小事亦似乎不該由他跟進……」然而城市卻看不見自己的悲劇：「我因而長大，也因而落後。」父子間不再親密，二人甚至在文化上漸漸變得疏離：「學校讓我在英女皇壽辰、復活節、聖誕節放假，父親卻放勞動節、國慶。中秋節，父親放正日，我放翌日。我的暑假裏，他只有一、兩個星期天有空。」對個人來說，這是人生心結的開始；對社會來說，這是新一代與父輩割離的關鍵時期。樹堅要描述的，遠多於私人的缺陷或難受。

第三次釣泥鯭，是樹堅一個人自製了魚餌去釣的。於此，讀者必須小心掌握兩個小節。第一，魚餌比以前的差多了，但泥鯭還是搶著吃。第二，他釣到了魚，反應和父親當年的竟然十分相似——他差點「得意忘形對著桶裏的魚說：『貪吃取了你的命』」。但我們仍不免要問：為甚麼新一代的泥鯭飢不擇食？他母親說過，牠們是「魚世界的基層」。同樣，人世界的基層也必須拚命去搶才不至於餓肚子。樹堅終於明白自己和父親都不過是泥鯭：「直至我投身社會，在崗位上多番遇險、觸礁，不斷刷新疲累的最深體驗，充當不公平的裁判輕易准許薪金打倒理想⋯⋯我驚覺自己多年來愚昧和軟弱。我取笑泥鯭貪吃，皆因我未嘗為生存而恐懼。」這一段話，我認為是本文的「鑰節」，它揭開了泥鯭「貪吃」的真相，解釋了父親幽靈的存在，釐清了父子倆在社會上的身分。一次游泳時，他們看見了幾條小小的魚兒。「有幾條像泥鯭。牠們不怕人，可能覺得我和父親是魚，海水將我們歸納在一起。」人和泥鯭，命運相同，是人生修辭裏的互文。

這個作品的末段只有兩行，總共才幾十字，讀者卻不能掉以輕心：原來，廣場級超市（很重要的大集團象徵）中的魚缸裏，已經沒有了泥鯭，意味著這些基層魚兒連只剩下五寸水的淺水缸這個棲身之所也沒有了。取而代之，是「互相攻擊的白蝦」。

樹堅的語調是悲觀的，他的收筆是如此簡潔到點，卻因此讓人心寒。泥鯭接連失去覓食的環境，即使是卜公碼頭那樣不公的地方、即使是超級市場那超淺的水。牠似乎要走上絕路了。這一代青年人（包括我的兒女）大半都是隨流覓食且甚麼都肯吃的泥鯭。上市公司收購了公共屋邨的商場，把小攤子趕走，一句「股東利益」就橫行天下；金子店霸佔著彌敦道，業主們大大受益，同樣只說句「價高者得」就天經地義。中產階級漸成歷史名稱。小泥鯭無奈地鑽進了橫街窄巷天水圍，彷彿只能看著自己的日子為著僅足以維持生命的口糧流失。老實說，這篇散文是我近來讀到的、最使人傷心的散文；但這傷心裏仍有著歡喜，歡喜我們這個城市竟然還擁有這麼厲害的年輕寫手。

2

回憶的收集與鋪展——陳德錦筆下的香港情懷

「雖然我把較多的興趣和時間放在寫詩上，散文的創作也沒有停止過……」陳德錦在一九八六年春天出版的散文集《登山集》[1]的〈後記〉裏這樣說。數十年過去了，學術著作以外，陳德錦確實一直從事新詩和散文創作，共出版過四本詩集和四本散文集，其中散文集《愛島的人》[2]和新詩集《疑問》[3]分別奪得第三屆「中文文學創作雙年獎散文組首獎」(1995)及第八屆新詩組推薦獎(2005)。到了今天，陳德錦的創作範疇仍在擴大：他於二〇〇六年出版的中篇小說《盛開的桃金孃》[4]再獲殊榮，得到第九屆小說組的推薦獎(2007)。這個以澳門為故事背景的作品，水平同樣受到肯定。

不過，這部小說同時讓我再一次注意到陳德錦的「香港作家」身分。像鍾偉民的長篇小說《花渡》[5]一樣，《盛開的桃金孃》

是綻放在故土上的花，它給我的想象世界鬏上了一層薄薄的珍珠色：光亮，但朦朧；高貴，卻遙遠。作者要從記憶提取的是哪一個時代、哪一種處境的澳門呢？為甚麼是澳門而不是香港呢？文學作品中的細節，最能呈現作家潛意識裏的「故鄉」。毋庸置疑，陳德錦已經是個香港人了，但他的第一本獲獎小說情節破土之處卻不是香港。如果我這個糾纏著藤蔓的思維焦點讓讀者見笑，說我不自覺落入嫉妒的陷阱了，說我想把陳德錦這位高手據為「港」有，我覺得有必要稍微解釋一下：首先，我相信陳德錦本人不會否認這個「香港作家」的身分；其次，我承認自己之所以對這一點感到興趣，確源自少許共同經歷。我也不是在香港出生的。我老家在廣州，八歲來港定居，至此已經超過半世紀了。陳德錦也不再是香港「孩子」。不知道是出於主觀偏見還是對「本地」文壇的自然反應，我總覺得我們這些寫作人和香港出生的作家有點不同，與完全成長之後才來港生活的文字工作者（即一般人眼中的「南來作家」）也不一樣。「香港人」的身分，對我們來說，是某種期望在喑喑破碎或實現，也是某種感恩的心情在慢慢形成或消滅，更是歸屬感的不斷碎落和重建；而這一切都牽拽著根部的自我形象問題，加上不怎麼強烈但持續不滅的適應之痛，正是我們這些站在異地童年的記憶之上、而又在香港長大成人的作者所獨有的。

邊緣：另類的歸屬與自由

陳德錦怎樣理解自己的香港作家身分呢？他在私函裏說：「在澳門居住時，生活是很枯燥的，那時香港甚麼都比澳門好，道路彷彿明亮寬大一點，看醫生也好像容易見效一些，因此總希望早日在這裏生活。怎知一向在澳門懶散慣了的我，應付香港的功課感到十分吃力。在某種『寂寞』驅使下，便愛好了文學……到今天，三四十年後，可以客觀一點來看香港了。雖然給人叫做『香港作者』，卻有點『客居』之感。最近還想寫一點東西表達這種感覺：我的『香港』是昔日的香港，實際上也遠離我。雖然這香港在某程度上打造了我，好的東西我仍十分珍惜……」今年五十多歲的陳德錦，和香港這個已經生活了「三四十年」的城市依舊有著一點點觀察的距離——視覺上的、時間上的、人情上的、期望上的。他自覺到這種距離所蘊含的不安，也珍惜著這種難得的「客居」情懷所帶來的「寂寞」，以及由這種「寂寞」衍生出來的創作原動力。這一切，成就了一種有點與衆不同、卻不離越港人視野的觀點，隱含著「異鄉人」的好奇、冷靜和謙遜，也帶有幾分保留和論斷，因此他對本地的一切既無要求、亦無衝動。陳德錦保存城市記憶的磁卡，不是夾在一個階層和另一個階層之間的忌恨，乃是一種由人文精神催生的可延伸靜觀；不是被個人經驗牢籠的情緒，乃是由客觀事實墊疊而成的、屬於老百姓的多色歷史層：

> 百多年來，商號買辦、高等華人、「公白行」的煙販、橫巷的娼妓、搬米的苦力，都一一走過。今天，香港人在這裏興家立業，忙碌勤奮，國籍、身分已無關宏旨。我喜歡這裏的涼茶店、米鋪、做畫框的工藝店，雖然我並不是顧客。我喜歡各式食店，你愛吃甚麼，你的經濟能力總可以應付得來。街頭巷尾有補鞋、改衫、修理電器的工匠，花店、藥房、紙號、書局，長期服務社區，不事招徠新客。這裏也有賣舊書的鋪子，些利街有時真能找到浪漫派的雪萊。
>
> ——節錄自〈走下蘇豪區〉[6]

換句話說，城市與市民「老夫老妻」的「想當然」關係，不等同香港和陳德錦的關係。在澳門度過的童年，依舊調整著他與香港和港人之間的愛情和期許，並不時讓陳德錦敏感地伸出試探的觸鬚。如同愛情在說破之前的曖昧，這種不穩定的情感在延續，但也因為這樣，作家與城市的關係仍帶著一點點懷疑，有時竟比夫妻之間的日常生活更具備愛情的感覺：

> 說「鴛鴦」是香港道地的飲品，我無法提出反對的證據。但三十多年前，在離香港不遠的一個小城，我親耳聽到有人在餐室揚聲：「一杯鴛鴦！」那些餐室自然十分簡陋，沒有過膠的餐牌，也沒有午餐、常餐之設。是否有餐室老闆發明這飲料，更無從稽考。大概是有客人這樣「柯打」，才有「水吧」（調製飲品的服務員）為客人泡製。最有趣的版本可能是：「一天，某餐室的伙計因為跟女友拌嘴，心情不好，有意無意把咖啡注入半杯紅茶上枱。客人呷了一口，竟覺其味無窮，深入詢查，始知是『咖啡溝奶茶』，遂街知巷聞，為人所愛。」
>
> ——節錄自〈為鴛鴦一辯〉[7]

這段文字使人莞爾。如同「茶啡」的搭配、「鴛鴦」的和合，陳德錦的香港散文落入其澳門孩子的獨特視角裏，清香可口，也成為本地特色之一。「鴛鴦」之名，頗能道出其作品中獨特的味道：「既然『鴛鴦』是我們的文化，就應像文化那樣，自由地發展、演變、延續它的生命力。」（〈為鴛鴦一辯〉）這篇文章小小的結語，透露了陳德錦的願望。自由地發展、演變、延續，不再計較品類純正與否。陳德錦這種眼光非常吸引我——我童年頭幾年也永遠無法扣聯香港人的集體回憶，但我可以想像，可以加添，也可以提取；因著能夠像陳德錦一樣站在感情的邊緣上閱讀香港，我那新移民小女孩的恐懼和自卑，就漸漸被這種罕有的自由和自信取代了。

過程，回憶的採集和保存

陳德錦的視野和視角，與百分百香港出生長大的作家稍微不同，因此，對我來說，他的散文和詩，大都非常蘊藉動人。它們暗含判斷，卻沒有攻擊；富於感情，卻不顯激動。它們不像博物館主任辦公室內的書架分門別類地擺放著這個城市的歷史照片，反像個龐大無匹的公園，此中一切的鳥語花香，通幽曲徑，都必須由讀者自己走走停停、曲曲折折地體驗，每一條羊腸小徑切入的風景，不散步的人永遠無法了解。小節（不是奇情故事裏面的「情節」），永遠是陳德錦接觸生活的指尖，也是他收集回憶的方法。比方說，陳德錦在灣仔的家，曾經短暫地成了野鴿子的窩。陳德錦看著這些空中來客進進出出，打從心中生起憐惜，難道就沒有一點兒來自他對澳門的眷戀、對香港的等候嗎？

生態學家告訴我們：每一種生存環境的改變會令整個

生物界失去平衡。不知道野鴿是否遭遇這種惡性循環的命運？我不知道，惟有再用「以物觀物」的心態視之，不陷入偏暗的個人愛憎感情裏。或許終有一天，我在晾衣時，牠們其中一隻會飛回來，銜著一枝樹葉，告訴我們牠曾經到過一塊可以安居的土地。

——節錄自〈野鴿子芻言〉[8]

陳德錦的作品不是掌故或圖錄，而是過程；過程正是沿路採摘和擁有回憶的最佳方法。換句話說，原址保留一個不常用的碼頭，遠遠不如曾經從這個碼頭啓碇、航行；最後，水手還必須回過頭來，一步一步攀上從水中冒起的梯級，才算是腳踏實地。這段文字的最後數句，告訴我們他那一刻仍在方舟上漂流，放出的鴿子，還未找到落腳的地方。他期待著落地生根，因為航程其實並未完結。但有了真正屬於海的旅程，碼頭才有意思。陳德錦獲獎詩集《疑問》中的第五輯〈街道〉，最能讓我感受到這個過程的質感。維多利亞港如何從陳德錦的景點變成他的立足點，正是他必須緩慢品嘗的生活，此中細節愈多，所儲存的回憶質量就愈高。

那年初來香港，最害怕

在高樓乘坐電梯。偏偏居於
第十二層，這在澳門來說
像等於天堂的高度。第二年
坐電車到北角上學
享受一段微風送爽的旅程
但不止一次，從明園西街
走路返灣仔，只因可以經過
維多利亞公園，一塊永遠綠色的樂土
逗留片刻，看同齡的少年玩耍
參與，或者不參與。又過了幾年
不搭渡海輪了，在路邊等候
一輛經常誤點的隧道巴士
到九龍塘聽課，拿印好的詩刊
沿街找書店討賣。那時甄妮
正在家家戶戶的電視上高唱
「和你披荊斬棘，勢要衝破前途路障」

——節錄自〈街道〉[9]

詩裏的維多利亞公園，不是作者上學旅途中一張平扁的明信片，而是走路上學的動力；甄妮的歌，也不是無關痛癢的勵志口號，而是要實實在在地掏腰包辦詩刊的真實困境。在「參與，或者不參與」的遲疑之間，陳德錦把他的香港經驗變為真正的獨特回憶。他不是典型的足球少年，也沒有融入深入每個家庭的流行文化；詩人採用的是生命的步移法，與城市的高速變遷同行，一面追隨，也一面反思，把紛繁的回憶仔細放入文學的資料夾，讓它們自行撞擊、融合。文學，是一種遲來的參與，但這種參與比當時的「在場」更具永恆意義。我特別喜歡德錦作品中的「小」——「小事」、「小物」、「小感悟」，沿著這些看來微末的進路，我像微絲血管裏面的紅血球，不斷與新鮮的氧分子結合、流通、化成我自己的創作活力。在陳德錦的抒情散文裏，〈夾竹桃〉最能夠引發我特殊的香港情思。這個作品敏細、柔和，描述變化和珍惜的必要。內容說，在決定離開隧道巴士站的一刻開始，「我」自城市高速變化的過程中暫時抽離(一點點距離好像永遠是陳德錦的恩物)，在失去時間的某個刻度上，「我」就這樣無故拐進一個工地，遇見一頭小狗，碰見一些野花，「我」站在那裏，感受那正在消失的海港和視野：

> 這地盤用來興建甚麼呢？可能是一幢摩天大樓吧。這幾年來，海旁的高樓愈蓋愈多，我再不可以從屋後望到那藍湛湛的海水和碼頭了。海的感覺在心裏生長。

> 忽然，我好像身在一艘渡輪上，浮浮蕩蕩的，看見海面有一層濃霧，霧裏有汽笛聲拉響，有一些輪船和浮標出現和隱沒，然後感覺到渡輪靠近岸邊，船舷輕輕碰撞碼頭的木樁，我便踏著跳板登岸。
>
> ——節錄自〈夾竹桃〉[10]

然後，「我」離開地盤，回到現實。「一輛隧道巴士載滿乘客打身邊駛過」，擦落了許多「盛開的夾竹桃」。夾竹桃本身就是很吊詭的名字。它到底是竹呢，還是桃？香港市民的鄉土情，情歸何處？陳德錦在另一篇散文〈兒時的食物〉裏提供了答案：「美不美，故鄉水。有人說，美的，是那記憶，不是往日的食物，鄉愁因此是一種病」(《身外物》)。[11] 在看到了「海的藍，花的紅」之後，夾竹桃帶來的，竟然是「一個新的秋天」，一個更大的秋天。陳德錦又一次把他眼中的香港放在中國的大背景裏對焦：

> 我曾聽過在太平洋上有四季如春、椰林茂盛的島嶼，可是現在我沒有半點羨慕。只見對岸的樓宇愈漸清楚，我雖然身在一個小島上，卻感到和對岸的陸地相連成一片。因為有這片陸地，才有季候的變遷。
>
> —— 節錄自〈夾竹桃〉

對陳德錦來說，香港之所以特別，因為她是個島，是格外為大地寵愛的島，她的所有變化都必須如此理解，才顯得立體、獨特、有根據。夾竹桃即使既不是桃，也不是竹，但它的名字，只能出自一個真正認識桃與竹的民族。

主題，回憶的挑選與鋪陳

陳德錦在詩集《疑問》的〈後記〉裏說：「這是我第四部個人詩集。跟以往的詩集比較，有同有異。相同的是：大都是抒情詩，題材離不開推窗所見、乘車所感、季候嬗遞中所想所思。」這一切，都是過程，回憶的收集端賴過程。但如何在過程中見證自己所屬的宏圖？陳德錦接著就說：「不同的是：這些詩更倚賴主題成篇」。陳德錦的自白是勇敢的：「沒有主題的帶動，我就不能創作……（本書內的作品）都要依靠一個哪怕是『寬闊無邊的主題』，才寫出一種『奇異的變奏』」。他提出的這個「主題」是甚麼呢？何謂「依靠」一個主題？「依靠」主題，會不會墮入「主題先行」的創作陷阱？甚麼才是可以「依靠」而不移動的呢？值得深思。原來「依靠」包括一連串的步驟；只有這樣，回憶才能真正被作家所消化、使用，最後成為他的格調和性情，再鋪展於渾圓成熟的作品中：

> 把主題強加於材料可能十分糟糕。然而當主題接觸到凌亂的物象，起初是排斥的，至少是不相干的，但默誦推敲之際，主體就吸收了外象，外象經過逐步琢磨淬煉，成章成句。這過程有如一塊乾燥的海綿吸收了水分，原來的材料變成意象——意中之象——不再是自然本身了。海綿給水分滲透潤澤，也不再是原來那塊「主題先行」的海綿，它已柔軟得可充當一朵雲了。
>
> ——節錄自《疑問》〈後記〉

但在這篇〈後記〉的最後一段，陳德錦卻強調了他作品裏一種和「雲」截然相反的品質：「我希望有人把這幾卷詩當作平平無奇的散文來讀，那就最能貼近我的寫作動機。否則，要我出賣『現實』、典當『乾硬』，換來『溫柔』和『詩意』，我是寧願緘默不言了。」這是否意味著陳德錦的詩觀自相矛盾呢？在同年出版的散文集《身外物》的〈後記〉裏，陳德錦早就提出了類似的看法：「文章寧抽象、散漫、也不應虛假，那怕看來乾硬、晦澀。」可見重複提出的「乾硬」，並非陳德錦偶然想到的詞語，乃是他穩定的信念。他的「矛盾」其實正是他的見地。當海綿所吸入的不是那個穩定的、「寬闊無邊的主題」（對我來說，那就是上帝），而是文字的虛榮，它寧可呈示自己乾澀的軀體，以等待真正的通透和飽滿。海綿不能裝作雲，只能在某一天真的進化成雲。到了這一天，回憶的瑣碎，將要形成性情的完整，往事的浮沉，也要沖洗出作家的心靈大地，成為他的一部分。在〈愛島的人〉裏，陳德錦讓我們清晰看見他開始願意據為己有的香港——「島」：

> 香港多山，樹木依從山勢，沿崖谷向上生長，當山路攔腰開出，人們乘車盤繞上山，山邊本來高大的樹木恍似矮了數丈，伸手可摘一朵美麗的嫣紅。這都因為香港是島，有山的島。

誰只要有一點「島」的感覺在心裏，都是幸福的。那島不能太大，太大則感覺如同一片陸地；也不能太小，太小則必無林壑山澤的玄幽。……它不可能孤立自己，但即使與陸地只相隔那麼一衣帶水，卻仍保存著獨有的氣質。

> 我相信島形成我意識的一部分，也許是潛意識。我最早的記憶，第一次踏上跳板，看巨浪拍擊岩石擊起的水花，站在深夜的海濱思考霓虹燈的真實或虛幻，同初認識者的交往，思想自己的立足點和歸屬感，觀看

和被觀看的角度，似乎，都有一個無形的島潛伏在內心，擺佈一切……你就是這樣的一個人，這樣獨一無二地，像島，存在於此時此地。

——節錄自〈島〉[12]

島是香港，島也是「我」，「我」和香港一樣是個島，與大片的陸地有相連之處，也有截然不同的地方，我堅持自己的空間和立足點，但我歸屬於某一個根源，在海底與大地相連。陳德錦清楚的表白，一方面告訴我們，他已經不再是當年那個外來的孩子，而是這裏的一分子了；另一方面，他仍然信仰距離。他覺得經過距離的考驗，歸屬感和人的感情才站得住腳。一般來説，島民也許喜歡親親密密，用文化來排外，陳德錦卻依然堅守著他的空間，就好像香港人守著自己在文化上、經濟上、思想上的運動空間一樣。在文章的結尾，陳德錦這樣說：「島，心中的島，要永遠向外敞開，它的美才不致被埋沒。」

他在速食店寫一首詩[13]

他在速食店用墊紙寫著一首詩，
無法挽救窗前正在西沉的黃昏。

星海更美不是嗎這裏有擠擁的
閃動的文字在商場招徠著人羣：
餐牌菜色電玩功能之類而那邊
三五茶客高聲雄辯著頭條新聞，
做户外調查的大學生忙於研究
供求的關係為都市文化作結論。
這樣坐著他變成一尊裝置雕塑，
社會零餘者無所歸依孑然一身。
如今他要用緩慢來抵消這城市，
急劇增長的焦慮和個體的沉淪，
顛簸的聲浪中以文字逆流而上，
緩慢地描述內心的頽唐和艱辛，
夜幕降下緩步走過生命的台階，
時代的幻變讓商場的燈火映襯。

此詩同樣表達了陳德錦對這個城市的直接體會與努力抽離。在詩裏的「他」，不正是一個「島」嗎？作品中部的轉折詩行「這樣坐著他變成一尊裝置雕塑，/ 社會零餘者無所歸依孑然一身」，詩既寫「他」是匆忙社會圖景裏的一部分（更準確地説是邊緣的部分），也寫「他」和人羣的距離和這種距離帶來的清醒，而清醒的目的是「抵消這城市」。怎樣抵消？用緩慢體現主權，用深度戳開膚淺，用詩突破流行文化。這首詩，正是距離的恩賜，正是那「寬闊無邊的主題」在運作，使陳德錦不至於在大潮水中失去立足的「島」。事實上，也只有在「價值」的隱蔽樁柱上，作品才能產生不必說教的高強感染力，作者的獨立性才變得明晰，文字才可以同時平易和耐讀，即使是再「私人」的抒情作品，都能呈現個人和時空的緊密關係：

舊日的海[14]

青草的延展，滿眼的綠，
一對修長的木槳悄悄對話；
俯視流動的白雲，扁舟一葉，
溫煦的愛情似珍寶無價。

路燈點起，海翻起一頁波濤，
前面的路總有另一個分岔。
像命運所安排，涉足海濱，
路燈熄滅時，海風送走了盛夏。

少年的獨木舟如箭在弦，
炭爐仍閃跳著零星的火花。
看海的人無復投水的衝動，
昨日的色調在心中凝固，暗啞。

一切已改變了：路，潮汐和風。
海不會蒼老，是我們的年齡在變化。
踏著從前的小路到來不見故人，
天藍如鏡，海是靜止的流霞。

「海不會蒼老，是我們的年齡在變化」，今日的海，同樣是舊日的海。但今天的少年人也許不再與心上人到海上泛舟了，泛舟的海灣都變成了大廈，大夥兒去玩，也必選擇地鐵巴士尖沙咀旺角；青少年在網路上遊戲、結交朋友甚至戀愛的今天，背著一大堆籮籮筐筐去野營、燒烤、游泳的新一代愈來愈少了。可見素材的臚列和鋪展，同樣反映那個「寬闊無邊的主題」的價值取向。漸漸，香港不再是陳德錦初來的時候那麼值得期待了，但她從未由他的筆尖滑脫。她的強大和接近，他的敏銳和善感，都在那個「寬闊無邊的主題」的支撐下形成更多的對話。

陳德錦為香港收集的回憶不但豐富，它們以文學的面貌重新鋪展於讀者眼前的時候，其價值已經遠遠超過歷史事件或文化光影的本體了。它們就是香港——在優秀的香港文學裏。

3

詩人也要過日子——香港新詩裏的衣食住行

拆不走的碼頭——本土詩歌

一個碼頭拆了，香港人開始感到一點微小的疼痛；再一個碼頭倒了，我們摸摸手腳，發現有些東西從自己身上消失了。我們開始悼念那個發光的圓形鐘面，搜索浮游於海港之上那報時鐘聲的魂魄。這種自覺，像一個剛剛圓滿的月亮發現缺陷的周期已經開始，悲傷地注目於自己漸漸失去的豐盈。但這種豐盈是何時體驗到的呢？又是怎樣成就的呢？能夠保持嗎？碼頭、舊樓房和老街道都只是生活的按鈕板、歲月的陳列品。生活的足迹，畢竟是要一步一步銘刻在歷史的板塊上的，走的時候，小孩的肚子餓過，老人的腰背疼過，扶老攜幼的中年人為米飯和藥酒煩惱過。一個板間房，兩台火水爐，幾條做過臉帕、碗布，最後仍然用來抹地的線巾，才是必須考慮的東西。

在最艱難的日子，我們為了基本的衣食住行，可以拿出娛樂、健康、甚至婚姻的甜蜜來交換，這一切，都曾經是我們的碼頭。樊善標的一首短詩，寥寥幾筆，就寫成了這樣的一篇典型香港人日記：

時光羣像 3 · 八月十六[1]　　**樊善標**

追月回去的路上
母親指著一幢大廈
說心臟科醫生就在三樓
對面街是中醫師的新診所
路燈照著他搖盪的招牌

拐入郵局旁邊那小巷
公共圖書館仍壓在停車場下
幼時奔跑過的走廊
走廊裏公廁的氣味
一齊迎向秋風

然後洋琴和二胡

笛子和老人簇擁著
廟街的歌伶，母親忽然抱怨
從未看過夜晚的榕樹頭
向一個人落在後面的父親

這個質感豐富的寫實作品，濃縮地勾畫了一整個時代的輪廓。設景於九龍最核心的地帶——油麻地佐敦之間，詩歌暗示母親為家庭貢獻一切之後，熬出一身病痛，心臟不好，中西醫都看遍了；父親的惟一娛樂是站在廟街欣賞免費街頭表演。父母難得和兒子出來遊逛，但夫妻漸漸年老，雖然忠誠，卻無法克服日益擴大的距離。此詩寫於 九九五年中秋，正值回歸前二載；當時，香港之為中國香港，已成定案，面對九七，這個城市首先澄清了自己的身分——一切由獅子山下老百姓的點滴付出聚合而成，無所謂犧牲，無所謂報國，無所謂建立美好家園，但家園畢竟建立起來了。停車場壓住了公共圖書館，圖書館容納了愛讀書的窮小孩，窮小孩跨越了社會層級，漸漸就走上了停車場。這座城充滿活力，堅持著許多實際和不切實際的夢想，也帶來了無法取代的本土詩歌。

新蒲崗的雨天[2] 梁秉鈞

在新蒲崗，雨下過（個）沒停
工廠大廈的灰牆旁
冒出一縷白煙
雨不斷踐踏它
我們在大廈夾縫的大牌檔避雨
吃一碗牛腩粉
……
我們在別人放工的時候回去
狹小的報社
背後的櫃上壓滿蒙塵的舊報
人們都離開了
我們還留下來拆信
希望拆出一首詩
　　　　一朵花
　　　　一聲招呼
有時老關上來
校對他的散文
有時老何坐在對面的椅上

談他始終沒有動筆的小説
一個女孩子説古板的教師
和獨木舟的夢想
我們喝一杯福記的咖啡
總是這麼多凌亂的紙張
人們都離去了
是關門的時候
離去時熄去一盞燈
多一份雨的寒冷

文字描述作者在後期的《中國學生周報》工作時的生活微細，也記錄了一個城市剛剛在「夾縫」發芽的文學自覺。在中國和香港這母集和子集的無隙關係裏，本地詩人漸漸走上了兩條路：浪漫的舉目向中華文化、文學大業和民族哲思；善感的泅行於生活點滴和人際關懷，把衣食住行的腳印都納入詩中。當我們勇敢正視自己在祖國土壤上的特殊身分，又用文字一針一針將這一切小節縫合起來、逐一回顧，就不難發現香港歷史之為香港歷史，香港文學之為香港文學，不能不建基於一個仔細追溯、步步重踐的寫讀過程。

第一部分：艙底的風景

美國新聞雜誌《時代周刊》(*Time*)把香港圈入「紐倫港」[3]——北美的紐約，歐洲的倫敦和亞洲的香港——使本地財經界雀躍不已。其實，二十世紀七十年代以還，香港漸成都市中的富者，但這並不是說所有的香港市民都能夠分享到這份光榮和喜悅。像一艘有許多層級的大船，當甲板上諸君享受著陽光藍天和大海，為數不少的艙底乘客卻仍給留在巨大的困擾裏，為衣食住行惆悵。香港出生、長大又曾在國內生活的著名作家舒巷城，在七十年代——香港經濟高速起飛的年代——就寫了這首港人一讀就能明白、一看就會傷心的短詩：

家[4]　舒巷城

租約又期滿了，租金又漲了
又一次要搬走了

我不是過路人
這裏是我生長的地方
但在這樣的一個城市裏

呵，我流浪又流浪

1973 年

舒巷城的「流浪」方式，我們這在「板間房」長大的一代再熟悉不過了。如果物價、交通費和租金繼續上漲，我們的工資卻沒有增加，香港的公共房屋又未能惠及這些人，「家」(「板間房」) 就只好愈變愈小，愈變愈侷促。在自己的「鄉土」上竟然無法安家，形同「過路人」，豈非一個富有的城市最大的諷刺？這首只有六行的小詩，連一個意象都沒有，卻讓人親自目睹一個父親帶著妻兒和許多大包小包在路上走，尋找一張雙層睡牀的苦況。簡單敏細的直書，卻帶來巨大綿長的飄零感，筆力非凡，有過類似經驗的讀者無不為此動容。

但是，五、六十年代住在公共屋邨裏的，也不見得比租房間住的活得好，許多草根詩人對此最有體會。鄧阿藍的〈舊型公屋〉，[5] 寫於九十年代，對真正在香港長大的人來說，那同樣是用血肉來陶造的記憶盛器，捧在手裏、痛在心頭：

暗沉沉長廊狹窄

悶悶熱熱的風

經過住户合用的入口

進入設在屋外的廁所
簡陋的並排一起
間成一個個廁格
一個女人正在沐浴
水聲沙沙沙沙
好像訴説著
以前只能使用公共浴室
馬桶裏濺起回聲
訴説著以前
只能夠使用公廁
一面淋水一面沉想
沒有廚房的屋子
爐子擺到缺窗的圍牆下
炊煙薰黑天花板
染污了子女的牀鋪
雜亂的物件堆著
書本報刊塞在牀底
夜間侷促下去
房事的聲音壓低
……

便桶壞了水箱
浮著糞尿的水黃黃濁濁
……
孩童獨自鎖在家裏
哭叫著作活未歸的父母
……
一部旅遊車駛來
走下一羣外籍遊客
興奮地舉起相機
帶著懷舊的遊興
在匆匆的行程中
拍攝徙置大廈的照片

我説這個作品是用血肉寫成的，非指其述説流血或犧牲性命一類的極端情況，乃是説它切實地記載了一大部分基層港人從五十年代開始的艱苦歲月。鄧阿藍的記憶是生動的、敏鋭的、感官的。皮膚接觸的翳悶（夏天「悶悶熱熱的風」），耳朵承載的粗糙（洗澡的在公用廁所裏發出的「水聲沙沙沙沙」），眼睛躲不開的醜陋（「炊煙薰黑天花板／染污了子女的牀鋪」）到鼻子所受的苦（「便桶壞了水箱／浮著糞尿的水……」）都是可以忍受的，但被踐踏的尊嚴和實實在在的危險（父母在孩子的鼾聲中偷偷做愛，女性在被人偷窺的恐懼中繼續洗澡，孩童缺乏照顧、給留在家裏自生自滅），則不是人應該承受的——我們卻都承受了。這種非人的忍耐力，竟然正是我們這個城市長高的基石。這一類舊型徙置大廈（例如石硤尾邨），今天之所以成為景點，不光因為它們值得我們驕傲，更因為它們證實了一段看起來像是恩典的磨難，也指出了遊客的興趣，不外一種「難以置信」的垂顧目光，一種充滿獵奇成分的優越感。今天的公共屋邨，各方面進步了，然而，正是這種小步前移的寸進方式，把我們的記憶偷偷地取代、吃掉、完全塗抹。因此，這首詩的存在意義，已經遠超過其藝術性：它無心插柳，卻成了我們珍貴的時間囊。

黃國彬的作品也記載了一個負擔著整個家庭的年輕男人面對水災時的無力感；可見到了八十年代，香港在各方面聲名鵲起，但經濟條件不強卻得背負家庭責任的青年人，還是活在不應出現於大城市的苦況中：

第二次水淹[6]　　黃國彬

半夜起牀，兩腳觸著冷水時，

父母妻兒還在熟睡。
幾聲驚呼過後，
滿屋盡是凌亂的腳步在涉水。
在崩天裂地的雨聲和雷聲中，
母親驚惶的叫喊顯得微弱無力。
小牀上，兒子仍在酣睡，未滿一歲
就逢上家裏第二次水淹。
……
於是戴上竹笠，跳出門外，
彎腰在水中堵塞水閘的隙縫；
油灰只黏手指不黏水閘。
……
父、母、妻子站在一旁看我堵塞洪水
霍霍的閃電把他們惶恐的神色
循我的視神經烙入腦中
……

1981年9月29日

這首詩寫於一九八一年。因為當時家裏人口衆多，為了用較少的錢租住比較寬敞寧靜的房子，詩人挑了位處沙田的百多年老圍村。除了得常常面對蚊蟲，他們一家竟在屋裏撿到劇毒的青竹蛇，每逢大雨，更要受水浸之苦。當大水湧至，詩人單薄的力量擋不住天災的蠻橫，他自覺無力保護家中老小，因而衍生出深刻的內疚。作品表達出一種獨立蒼茫的渺小和無力感。這也說明了要在香港「立足」是艱難的。擁有理想的居住環境，對許多香港人來說，遙遠如夢。因為感同身受，描寫惡劣居住環境的作品大都很感動我，禾迪的小品正是其一：

三隻窗[7]　　**禾迪**

老伯伯問我
你為何在這般嚴寒的天氣下
還抱著孩子
坐在這裏
當著北風吹
我便回答他

老伯伯　我家有三隻窗
隔鄰的樓宇要拆掉
沙石吹呀吹進來

於是我關掉第一隻窗
對面街是修理車房
電油飄呀飄進來
於是我關掉第二隻窗
街尾處是垃圾站
蒼蠅飛呀飛進來
於是我關掉最後的一隻窗

但書本上這樣寫著
嬰孩每天都需要呼吸新鮮空氣
於是我只有在這嚴寒的天氣下
還抱著孩子
坐在這裏
當著北風吹

1977 年 2 月

這個作品完全不須要解讀，它透明、自然，承載力強。我們的孩子，就在這種環境裏出生、玩耍、學習、成長。在「沙石」、「電油」和「垃圾」的圍困下，香港人畢竟把一代又一代的小朋友帶大了。作品用兒童的語調簡單表述困難的處境，彷彿母親跟小孩講話時不自覺地模仿了後者的語氣，淡靜平和中自有傷心的情懷，勇敢的氣質。

鍾國強的名作〈房子〉[8] 更詳細地呈現了香港人對「擁有」這個概念的錯誤認識。詩人從一個少年兒子的角度出發，循時序寫到身為人父的中年時刻，深入探討房子和家庭的關係，也思索在這寸金尺土的城市裏，人對「價值」所產生的幻覺：

房子不是我的，是我父親的
雖然磚塊我有份製造
將水注入水泥混和沙和碎石
再倒進長一尺寬六寸的矩形木框裏
舂實，壓平，慢慢移去木框
便是一個堅實的存在
升起十三尺半的高度，可以望遠
可以栽種玫瑰，延續新年過後的橘子
可以開四方的口，將風景納入牆壁
並沿樓梯一直滑下，停在地下一角的影子裏

房子不是我的，是房東顧生顧太的
不可以喧鬧，不可以有子女

不可以舉炊，不可以在燒水之外
燒其他甚麼。洗澡時用小小的面盆
把水潑上來，把濺在浴缸外的水抹得
一點痕迹也沒有。不可以夜歸
防盜鏈扣上，要勞煩顧生繫上睡褲出來
開門。房間不可以把窗擴闊，對面
重建成一幢彪形大廈，把影子蓋滿我全身

房子是我的，我把左手伸向一面牆
伸盡的右手中指便得暫時離開
另一面牆，約莫三寸光景。我放下百葉簾
把平日可以握手的鄰居排在外面。燃起煤氣
把魚腥肉臊連同廢氣盡情釋放
往外面想像裏遼闊得把握不住的空間
我一腳踏在客廳也是飯廳的柚木地板上一腳
踏在廚房暗紅色的方塊瓷磚上，感到踏實
感到電冰箱源源滲出的冷藏味道
在它投在地上漸漸膨脹的影子裏
房子是我的，在銀行誇飾的信箋
和地產代理頻繁更換的廣告之間

我感到房子的實在，就像蝸牛感到殼
敲下去有金屬的聲音。我慢慢走著
抬頭向前望去，感到金屬愈來愈輕
愈來愈輕，慢慢，向著膨脹的天空飄升

房子不是我的，是銀行的
我可以在屋裏多走幾步
好把想不透的事情想得透徹
可以望向遠方的島，望向更遠的海
想像將要來臨的無盡日子
可以望雲，望天氣的變幻
多寫幾首無關痛癢的詩
然後躺在更大更寬的牀上
讓夢境擠出更多時間供我消磨

房子不是我的，是父親的
父親一次意外，從樓梯高處跌下來
跌在自己一手建造的陰影裏
甦醒後便開始繪畫房子的平面圖
藍色墨水像他眼圈未散的血塊

住市區的哥哥分了二樓半層
青馬大橋旁的弟弟分了地下一半
廚廁，客飯廳公用，而我分了
二樓另一半。我望著一絲不苟的
圖則，間隔和那些密密麻麻的
註明文字，漸漸回到我的過去
我的房間從那裏分出來，穿過籬笆
水井，爆竹碎屑和人煙，然後停在
不得不停的地方，那是甚麼地方呢？
我望著父親的眼睛，兩口深邃的井
分了的房子其實是一個房子

房子不是我的，父親和我都知道

我望著兩座島盡想著這些事情
兒子和女兒在身邊嬉玩
拉不動我便硬要我回答 IQ 題
如何用三刀將蛋糕切成八塊
我想房子將來，房子將來
是不是他們的呢？還是我和妻

付出所有後守著空闊的四壁
如平面圖上兩圈幽藍的墨漬？
「開估」，我沒怎麼想過就放棄了
兒子和女兒興奮地說出他們的答案

房子不是我的，我看著對面的島
遭一把刀子切成八塊

2003 年 6 月 26 日

這個作品一氣呵成，文字游走於虛實之間，首節說到自己有分打造父親的家，它帶來寬敞、自由而愉快的童年，但那種「不是我的」的感覺卻隨著年月漸增，驅使他離開原生家庭，到外面去尋找私有的空間。可是，租住別人的房間只帶來更大的限制和侷促；到了終於可以「一家一主」地生活了，那房子卻小得可憐，完全沒有伸展的可能，有了自己的妻兒之後，詩人「買」了夠大的房子了，卻發現原來自己欠下銀行大量金錢。所謂「擁有」，原來只是高息按揭的「幻象」。後來父親怕自己不久於人世，擬將房子割開分給散居各區的兄弟，詩人才忽然體會到老父孤獨的心情。一個家，無論如何都是不能切割的，像一間房子不能切割一樣。一想到將來自己也要像父親那樣，看著親愛的小兒女建立新的家庭單位，心裏的感受，也就和給割開的房子一樣地痛。這首詩的內容建基於個人和普羅大衆的共同經歷，一方面思想價值的真僞，一方面探索感情的深淺，它指出了香港家庭的分裂方式和財富的流動方向，讓讀者進入深刻的思索，是不可多得的佳作。

通過書寫居住的環境，香港詩人也記錄了一整個社會——鄧阿藍的怨曲唱的是基層的苦況，黃國彬為天災裏人的無助唏噓自責，禾迪在惡劣的環境裏竭力為孩子尋找健康的出路，鍾國強則要呈現那些幸運地跨越了社會階層、由草根變成中產市民心裏面的龐大空虛。一個居所，就是一個城市的細胞，見微知著，它陳列的一切，就是城市的本質。香港的新詩，以居所或環境為題材的作品仍有很多，關夢南的〈我買了一間房子〉[9]和何福仁的〈買了七百尺的房子〉，[10]都在思考房子與我們的關係。為了安居，香港人在擁擠的小特區裏必須付出很大的代價，有人勞碌一生只能贖回一個急促貶值的小單位，更有人死在這個擔子下，未完的心願只能由兒女來償還，難怪「住」的問題時常縈繞心頭，甚至衍生出個人身分定位的不安；相關的作品不多不少都帶一點控訴，一點無奈，一點殘缺的擁有感，一點自覺或不自覺的「力有不逮」。

第二部分：衣服的變與不變

和許多大都會一樣，香港的名望，好像總要和某些國際性的昂貴品牌掛鈎。其實，這只是商人的故事。在這裏，真正的名牌時裝貴得令人咋舌，冒充的卻出奇地便宜；因此，最聰明的香港人都這麼想：名牌不合理的高價讓人覺得穿的人若非傻瓜，就一定是在穿冒牌貨了。況且，穿名牌和冒牌的人大概都不寫詩，寫詩的也不會為此煩惱。事實上，比起對居所的渴求，香港詩人較少為「物質」的衣服擔心。穿衣服，若只求保暖和舒適，那麼就是比較貧窮的香港人也還有一些選擇。七十年代以還，像發展中國家那樣的赤貧——如一家人輪流套一條褲子上街，幾兄妹輪流穿一雙鞋子上學的情況，實在不那麼常見了。早期詩人柳木下筆下的〈大衣〉[11]所描述的極端的情況，在社會福利漸漸增加的今天，雖不能説完全沒有，卻不是常態：

天下雪哪
玻璃這樣冷
隔著一層玻璃
我望著大衣
大衣也望著我

沒有體溫你冷嗎　我說
沒有大衣你冷嗎　大衣說

隔著一層玻璃
我戀著大衣
大衣也戀著我

大衣是為甚麼而製的，我想
大衣是為甚麼而製的，大衣想

天下雪哪
雪花飛來和我嬉戲
我走過去　走向四川橋
想著　大衣是為甚麼而製的

1936 年 1 月

詩人營造的戲劇場面不但能夠感動人心，其想像空間之大，延伸性之強，更是香港作品裏少有的。在這首詩裏，移情作用分兩層開展，第一層是把個人對大衣的渴望同時寫成大衣對人的憐惜；第二層是以大衣為一切生活必需品的代表，窮人和物資好像總落在無法接濟窮人的位置上。在貧富懸殊的香港社會裏，讀者不耗一刻就能夠完全掌握那種「彼此相戀卻求之不得」的荒謬感，開始反省資源分配、物質價值和人文精神的勢孤力弱了。

到了今天，香港詩人筆下的衣服鞋襪，已經漸漸由實物變成意象，用來寄托情意。王良和寫給女兒的抒情詩〈半夜，我在浴室看見你吊在窗花的小鞋——給盈盈〉[12]就是這樣的傑作：

半夜，我在浴室看見你吊在窗花的小鞋
好像還要走路……

此刻它揚著沐浴後潔淨的微光
成為黑暗包圍的焦點
卻在我的心中愈顯明亮，像星星
它將繼續載你去旅行麼，你喜歡
拎著小鞋蹣跚走來
回頭指指大門
開始有自己，想到的地方

我不能把門牢牢關上
你將有更大的船
有自己的海鷗和風
走到嬰兒牀前，黑暗裏
把毛巾拉到你的肩上
收拾牀邊的衣服和玩具
就想為你整頓，纜索和船槳
……

1995 年 7 月 20 日

王良和寫鞋子的詩，其實是寫孩子的詩。「鞋子」一方面是實象，一方面也是「興」的起點，更是一個複雜的意象；粵語中「鞋子」與「孩子」同音，「鞋子」暗示了走路，孩子確有自己的人生路要走，因此詩人說他「我不能把門牢牢關上」，因為愛不是佔有，而是幫助被愛的人健康成長，最後獨立。雖然父母都捨不得孩子離開自己，但父母也絕對不應拖著孩子的後腿。她的船要啓碇，就好像她的鞋子要起行一樣。鞋子的形狀也像船。「此刻它揚著沐浴後潔淨的微光 / 成為黑暗包圍的焦點 / 卻在我的心中愈顯明亮，像星星」幾行，更點亮了讀者眼睛裏求美的柴火，可謂過目難忘。這首詩淺白易讀，感情深厚而平穩。很明顯，它和上列的寫房子的作品不一樣。在這首詩裏，物質本身不是詩人渴求的對象，使他動心的，是它所暗示的人和事，或它所運載的感情。就像胡燕青寫於九十年代的這首詩一樣，衣服只是個意象：

讀衣[13]　　**胡燕青**

脫下的外衣閑閑地躺落牀褥上
土黃色，柔軟，透著一種穿過的氣味
肩膀塌成亂局，扣子與孔洞分開
是我的衣服嗎？

我聽見它的呼吸
柔細地穿過時間的篩子
皺褶間醞釀出微小的黑夜
體溫散去，溶入更大的夜裏
相連的層次折疊著迷宮的空間

我也想這樣躺著，緩步回溯那又深又窄的
童年或少年的小巷，把中年的臉沉入軟枕

需要一點點失神的虛隙，聆聽塵埃
在自己身上降落，駐足，然後給輕輕抖去
感覺脱落的白天逐漸遠離，帶著另一個自己

在明滅的燈火中領會自身的明滅
在吞吐的夢潮裏吞吐醒著的心情
我嘗試把離去的自己領回這黃昏，柔聲説安慰的話
又把這話納入耳朵裏，模糊地答應著
讓不知屬誰的手把外衣輕輕披下：小心，別要著涼

這個作品寫作者在一天工作後，黃昏下班歸家的經驗。回到睡房，脱去外衣，疲倦地倒在牀上小睡，一息間，日間的生活，好像外衣一樣，帶著它的自衛、複雜的道德感、紊亂的感情和處世的機心慢慢地離開，留下核心的、孩童的甚至嬰兒的真我漸漸入夢，更在醒睡之間重新把自己整合。在這個作品裏，詩人要描述的，是「外衣」(「另一個自己」) 和「我」之間的割裂。在香港，因缺乏安全感把自己隱藏、變臉的人比比皆是。在大都城的種種催迫下「老成」起來的人，總要通過默觀之旅回歸最初的那個我，才能繼續前進。

梁秉鈞的〈更衣記〉[14] 更清晰地陳述了衣服和身分關聯。人

怎樣穿上衣服，衣服怎樣穿上人，人怎樣更換關係如同更換衣服，城市又怎樣更換著她的面貌和人民的特徵——這一切，結合成流動的印象文化，當中只有必須演好的角色，沒有真正的你我他，因為真相已被取代，並且因為被取代而被取消。香港這個舞台充滿了流動的衣服，卻沒有人。到底是衣服塑造了我們的身分，還是我們用身分塑造了衣服？詩人提出尖銳的問題。同樣，這首詩裏的衣服，也不是被渴求的、匱乏的物質，而是喻象：

你把我脫下來換上另一個人

你說更欣賞外國的牌子
誰換上大衣你叫他波士
誰換上號衣你叫他堂倌
你喜歡穿上制服的猴子

她把你脫下來換上另一個人

今天我穿上了一個炎夏
今天你穿上了一個國家

今天她穿上了一個年齡
今天他穿上了幢幢魅影

我們不斷在換衣服衣服不斷在換我們

沒有能力去改變法制
我可以改變裙子的長短

慢慢地換衣服慢慢地換衣服
一件衣服換了一個朝代
慢慢地換衣服慢慢地換衣服
一件衣服換了一個世界

沒有能力去改變股市
我可以改變衣領的形狀

我們不斷在換衣服衣服不斷在換我們

從唐裝衫褲換上了西式衣裙
從工廠妹換上了白領麗人

把逝去的香煙和灰燼的味道
把收集的心和秋天放衣袋裏

她把他脫下來換上另一個人

今天你穿戴了新的身分
你的頭髮燙出新的內容
旗袍下擺招展新的身體
新的耳洞鑽出新的靈魂

我把她脫下來換上另一個人

人的身分或角色，產生於關係這相對概念，當這種相對變得複雜，甚至形成互相排斥的現象，人就無法適應，甚至應付不來了。衣服，象徵著身分輪轉，角色更替所帶來的膚淺文化和虛無本質。這首詩描述的世界，是由衣服所指向的權力統治著的，淺易的文字下是充滿力量的觀察和判斷，讀來驚心動魄。比起這個作品，溫明的〈路過的乾濕褸〉[15] 少一點點哲思，卻多幾分「人氣」，更具體地切入生活：

時而風乾時而汗濕
一段不甚樣的青山公路
猶如一根快要鬆斷的曬衣繩
一隻隻停在上面的麻雀
一個個流動的曬衣夾
掛晾著
一輛輛心急等客的公共小巴
偶爾一件老牌的乾濕褸
平凡的生活中路過
殘破的外貌
仍夾雜著樟腦唏噓的味道
一份屬於男人不起眼的風度
蛹抱著病弱的妻子
活像生命
一個個小小的時間膠囊
以是日餐牌上的例湯
溫柔地用心吞服

後記：很多時候，與妻在家附近餐廳用膳時，都會看見一對年老夫婦溫馨地把臂而過。外表看來，女的

> 健康狀態似乎並不大好，但男的卻處處表現出體貼細心，妻囑誌詩以為記。

讀這首短詩，彷彿就走在深水埗街頭的衆生之中，與基層市民一起排隊等候遲到的小巴，到公立醫院看醫生或到茶餐廳吃廉價的例湯。詩裏描述的男人，在有限的條件下悉心照料妻子，向她奉獻自己的一生。「乾濕褸」一詞有好幾個解讀焦點。第一，它讓我們想老百姓的衣服：實用、樸素，保暖，能夠擋風抵雨，這同時也是大部分香港市民的特質：老實，溫暖，肯承擔保護家人的責任。第二，它隱喻婚姻的承諾：「無論健康還是疾病，貧窮還是富有（乾還是濕），我都會守在你身邊」；它的平凡並不使它所象徵的愛消滅，它的陳舊（仍夾雜著樟腦唏噓的味道）正正說明它的堅強。

把上面這些涉及衣服的作品排列、重組，我們就看見一個成熟、複雜的城市多元的關係網絡　　我們的愛與防備，我們的開放與隱藏，我們的虛榮和現實，我們的貧窮和富有，我們的真價值和假信仰。衣服的膚淺浮泛在其可以披戴、脫下、改換，但衣服也有它們無法取代的真誠，夾雜在主人選擇或揚棄它們那一念之間。個人的性情、品格、美學和深度，衣服無法掩藏；詩人有意或無意地呈現的，也正是這些特質。

| 第三部分：維生與咀嚼 |

黃仁逵的短篇散文〈打牙祭〉[16]（其實更像小說中的極短篇）使我想起最緩慢的吃飯方法。赤貧孤獨的老人家，因為太窮，他一天只能吃一餐，於是把遲遲才做好的早點吃成了午飯、午飯吃成了晚餐，好讓自己錯覺肚子會飽。人生似乎只有一事可做：吃飯以保存生命。這無疑是悲哀的。關夢南的詩〈長洲〉[17]裏，也描述過老人的「吃」，這位「丁伯」的生活雖然簡單，卻不虞衣食，在香港，這是比較真實的。詩人對他幾乎還頗有點羨慕：

3

老人家上岸
買一瓶酒
斬十幾二十元鹵味
然後踏著
岩石的落日回船去
丁伯要隨量呵
是的，後生都入城了
這就是我的下半生

4

想起剛才的一尾魚

想起剛才的半斤蝦

想起剛才的豬油豆苗

想起剛才的兩杯生啤

想起剛才海邊的綠格仔小桌

想起明天還要上班

想起　原來我不是丁伯

2006 年 3 月

這些詩行裏，隱藏了關夢南的「夢」——悠閒，平靜，有許多不太昂貴但非常好吃的東西（鹵味、豆苗、魚、蝦），有大自然和閒適生活的好景致（岩石、落日、船、白邊綠格仔小桌），不過最重要的還是有好朋友；友情的表達，沒有比在飯桌上的來得更淋漓盡致的了，一起吃喝，幾乎是所有快樂羣體的標誌。詩人對幸福要求並不高，有這些就好。但是，當他「想起明天還要上班 / 想起　原來我不是丁伯」的時候，夢醒了。詩人對我們說，就是連這小小的一點期望，也不容易成就，點滴的唏噓，引發的是妥協。

說到妥協，西西的作品〈快餐店〉[18] 提出了另一種「吃」的方式，無所謂樂不樂、美不美，選擇快餐，好像正正就是香港人的宿命，相對於小島上的悠閒平靜，快餐的節奏帶來的是方便、效率，甚至是一種另類的「平」(沒有變化)和「靜」(沒有朋友)：

既然我不會劏魚
既然我一見到毛蟲就會把整顆椰菜花扔出窗外
既然我炒的牛肉像柴皮
既然我燒的飯焦
既然我煎蛋時老是忘記下鹽
既然我無論炸甚麼都會給油燙傷手指
既然我看見了石油氣爐的煙就皺眉又負擔不起煤氣和
　　電費
既然我認為一天花起碼三個小時來烹飪是一種時間上
　　的浪費

既然我高興在街上走來走去
既然我肚子餓了就希望快點有東西可以果腹
既然我習慣了掏幾個大硬幣出來自己請自己吃飯
既然這裏面顯然十分熱鬧四周的色彩像一幅梵谷

既然我可以自由選擇青豆蝦仁飯或公司三文治
既然我還可以隨時來一杯阿華田或西班牙咖啡
既然我認為可以簡單解決的事情實在沒有加以複雜的
　　必要
既然我的工作已經那麼令我疲乏
既然我一直討厭洗碗洗碟子
既然我放下杯碟就可以朝户外跑
既然我反對貼士制度

我常常走進快餐店

把這首詩選錄在《香港新詩名篇》[19] 裏的主編黃燦然說：「這首詩節奏快速，像快餐店那樣忙乎。它羅列了一大堆去快餐店的理由，但其主旨卻在這些理由之外：也即現代社會尤其是都市社會導致個人生存能力和生活質素的下降。詩中這個進出快餐店的現代都市人，看似無拘無束，實則無奈無助。……但這首詩並不是一首否定現代生活或否定現代人的詩，而是諷刺中有同情。」說得再對也沒有了。我們離開了「民以食為天」這種傳統中國農業社會對「吃」的尊敬和渴望，年深月久，已經捨本逐末，和「吃」相關的期待和咀嚼的藝術日漸枯乾。這兩首詩從正反兩面説明了一個事實，開開心心、正正經經地吃一頓好飯，本來只是平常不過的生活，但在香港，這已經變成一種奢華了。

但是，吃還是重要的，因為它仍躲躲閃閃地滲進我們生活中的每一個層面。張永德的作品〈生活感之兩性關係〉[20]就指出，戀愛失敗的人須要吃，蜜運成功的人也須要吃，無論是分手還是結合，一切儀式都在吃的場景裏完成，「吃」，能夠把我們歸位到自身的需要，還原為真實無詭、自私自惠的本我：

01 愛情
愛情結束的時候
是有聲音的
那天在旺角銀龍茶餐廳你大大聲對她説
你同我計？
我都未同你計！

02 婚姻
婚姻到了成熟期
自然就會聽到
洗碗啦，仲睇報紙

十二點幾啦，仲睇波

這首只有九行的短詩裏，兩對男女演出了相處的短劇，一個是愛情失敗分手時的一幕，發生在最庸俗的（旺角）基層食肆（茶餐廳），這與一般設景於高級餐廳的愛情前奏正好相反。愛情到了結束的時候，「算帳」的情況就出現了。女的首先數算男朋友的不是，似乎要用「你欠我」的結論把對方留住；男的反應敏捷，乘勢而上，指出對方「算錯了」。對他來說，分手已經是一種最有量度最不計較的美德。奇怪的是，這樣的鬧劇或悲劇和「吃」還是連結在一起，可見在我們的城市，吃飯這回事並不只是為了飽肚子，可能也是因為要避開擁擠在一起的家人、朋友和同事，才用最相宜的價錢——比方說，買一杯熱鴛鴦（好諷刺的名字）的九（好諷刺的諧音）塊錢——換購一些短暫的空間。失敗的戀愛如此，成功的戀愛也不見得有何不同。結了婚的男女所期待的幸福，同樣被吃飯一類的生活需要平庸化：女的做飯，男的洗碗，為了逃避過分的接近和厭惡性家務，男的躲進報紙和足球的雄性世界避鋒頭；女的不得已，每天把他從洞裏扯回要洗碗、要睡覺、要上班的現實。在張永德的有趣筆調下，男女關係的穩定同時也意味著永恆的重複與沉悶。

有時生命翻起波瀾，在本該快樂的團聚中忽然會驚覺到散失。潘步釗的〈我們圍坐在圓桌前吃火鍋〉[21] 首先把讀者的感情安放在一張「圓形」的桌子上。「圓形」的向心、內聚，無始、無終，就像足球那樣，把一羣愛踢球的男孩子集合在一起。一同成長，一同玩樂的人也必然常常一同吃飯。吃「火鍋」猶如一種兄弟結盟的儀禮，大家把筷子蘸到同一鍋沸騰的湯裏，象徵著徹底的打開、分享和團結。即使湯底有清有濁，童年的單純記憶，還是有能力把許多已經在成年世界打滾的隊員召回彼此的身邊。圓還是圓的。於是，當有人透露隊友早逝的消息，這個圓就顯出缺陷來了。

我們圍坐在圓桌前吃火鍋
沒有足球，可
踢足球的人依然圍在一起
眼前的湯底正分明：
淺清的一邊
是童年
深濁的一邊呢？
是成年人漂不白的沉沉俗俗

天文台説
今夜氣溫只有攝氏八度
侍應把一碟肥牛放在你的肘邊
你，宣告他的死訊，才三十九歲

我們失去了一隻翼衛
妻子失去了丈夫
孩子失去了父親
父親，也失去了一個孩子

雖然張永德和潘步釗看見的是事情的兩面，前者寫到生命的常序裏感情的必然流失，指控的是好新的習性；後者説到中年好友叫人驚愕的死訊，表達的是念舊的情懷。兩者都描述到人生的「失」。在得失之間累積起來的、咀嚼生命的態度，漸漸形成了文化，它們將慢慢失去個人記憶的邊界，長大成了一個城市集體的意識。如果要用一種食物來代表市民對香港的感情，那會是甚麼呢？也許是一杯鴛鴦，也許是一個香脆甜膩的菠蘿油，鄭鏡明的選擇則是一碗昂貴的雲吞麵：

在唐人街吃雲吞麵[22] 鄭鏡明

撥開浮泛的菜花
一團小島絢麗燈火便燃起了
輕輕一咬
迸發的鄉愁就撲滿了一身
且連湯水也喝光吧

乾涸的旅夢
鏗鏘駝鈴又翻過六元九角五分

和其他談「吃」的作品不一樣，這首只有七行的短詩紀錄的是一次在外地吃到香港食品的感受。雲吞麵端上來的時候，色香味俱全的樣子，一開始就很誘人。「浮泛的菜花」大概指麵條上的蔥花和青菜，但亦可看作外地常見的青綠風景。就居住環境而言，美國的遼闊實在比人口稠密的香港更理想，但是，那地方沒有自己的家人和朋友，讓人感到孤獨。「小島絢麗燈火」明顯指香港而言，擁擠、繽紛卻有家的安全和喜悅。雲吞給咬開的時候，詩人的鄉愁，在平面的視覺上又加上了味覺，多元的感官結合在一起，「迸發的鄉愁就撲滿了一身」，即使最後連湯喝下，這種感情仍未消退，付錢時把銀幣的丁丁琴琴都聽成是流浪者的駝鈴了。這個小小的現代絕句引起的閱讀情緒很強烈，最出色的地方，是連小學生都可以看明白，但其感染力和感情深度，卻又是一個成年人絕對不會錯過的。

鄭鏡明以個人感情為出發地，另一些詩人則努力讓「個人」變成一種可以進入的典型。鍾國強筆下的那〈一家不存在的茶餐廳〉，[23] 就是經過了這種「去個人化」的手段而達至圓熟境界的作品。

我努力在記憶裏尋找你的位置
地磚上的花紋愈來愈模糊
腳影在還未熄滅的煙蒂間晃蕩
細碎的咀嚼聲已在轉角消逝
我當如何確認某年某月
遺留在玻璃桌面上的茶迹呢
爐壁上關雲長的面頰
本是紅色，還是燭台的投影
或者根本就沒有關雲長
只有一些堆疊起來的壽星公
俯視微黃的單據浸入新沖的茶裏

我喜歡那種舊式瓷杯的厚度
邊沿一道道凹紋
彷彿藏著不同的故事
翻開肚皮串在一起的賬單
那迷惘的侍者已不知
從何說起
故事在他衣袋的上方
一印印原子筆迹上延續
化開來的地方
還有一些筆劃在堅持
玻璃門外有修路的標誌
欄杆漸漸圍攏過來
一日又忽然全部拆去
茶熱了涼，涼了用雙手溫著
話語隨腳步聲在門口推拉
沒有離去的選擇隱匿
在不為人注意的地方
就你不響亮的名字
這麼多年以後
我應該不會

在混淆不清的連鎖名字中
記得你，如果你
並非跟那長生店同名

2000 年 2 月 11 日

任何香港讀者都會覺得這一家茶餐廳真實地存在過，作者卻說它不存在。為何如此？我覺得這裏同時提供了兩條閱讀的進路。第一，個別進路：這家餐廳已經於城市急促的變臉遊戲中成為過去，在成行成市的名牌連鎖快餐店夾擊之下，它結業了，或搬遷了，不再存在了；第二，集體進路，它並不是某一家固定的茶餐廳，而是一種精魂不滅的文化，一種港人的共同記憶。它的「模糊」，正是它在我們心中「堆疊」起來的方式。詩人一開始就說他「努力在記憶裏尋找你的位置」，可見這家茶餐廳已經不再於當年的地理位置上開門營業，卻在記憶裏有迹可尋。這種暗示一直延續，作者使用大量詞彙或語句來呈現茶餐廳的死與不死、歷史與現實，以及文化與生活之間的印象，好像「模糊」、「晃蕩」、「消逝」、「如何確認」、「或者根本就沒有」、「彷彿藏著」、「沒有離去的選擇隱匿」、「混淆不清」等等都是有意加在詩中的「柔鏡」。茶餐廳是每一個香港市民對「吃」及其關聯的感情的場景，個別的名字可能忘記了，但茶餐廳裏那些厚杯子，那些奶茶咖啡和鴛鴦，那些不加修飾的話語，那些蟑螂，那些發生過的大小事情，都「如死之堅強」[24]（就你不響亮的名字／這麼多年以後／我應該不會／在混淆不清的連鎖名字中／記得你，如果你／並非跟那長生店同名），在我們的心中永恆地報告著一個城市的微細的特徵、小巧的標誌和飄忽的感情。這個作品，非常輕鬆就記錄了已經愈見深厚的香港民間文化。

鍾國強也為妻子寫過一輯情詩，名字就叫做〈柴〉、〈米〉、〈油〉、〈鹽〉、〈醬〉、〈醋〉、〈茶〉，同樣收錄在他的第三本詩集《門窗風雨》裏。詩人對於食物所象徵的一切，似乎都很感興趣，大概因為「吃」是生活的根本，而和「吃」有關的一切聯想、感情和藝術處理，都給人一種扎實而樸素的感覺。同樣地，梁秉鈞也大量使用食物及其相關意象寫成了詩集《蔬菜的政治》。比起房子和衣服，食物和生活的連結更多元，更活潑。但有一點頗為有趣：詩裏的「吃」與旅遊手冊上大事宣揚的「食在香港」也很不同。詩人好像對照片中的鮑魚、魚翅和貴價海鮮興趣都不大，其創作焦點，多集中於勞苦大眾天天光顧但遊客止步的小食肆。誰可以深入品嘗真正的香港味道？自然不是只打算來觀光購物的人。

第四部分：集體運輸還是踽踽獨行

速度扯碎深度，集體塗抹個人；緩慢，所見才清晰，獨立，思考才準確。詩人在某程度上都是柔和的，也都是叛逆的。他們善於散步，善於默默為人祝福，善於咀嚼本來可以逃避的孤獨。我們總是看見他身影孤單地坐在尾班渡輪上發呆，或在一輛巴士的上層閱讀，或緩緩而行猶如一輛落伍的電車。城市的步調把他甩落在路旁，卻只有站在路旁的他，才看得見這城市的面貌。

十二點過後在大角咀[25]　　羅貴祥

在黑暗中會看得更清楚
正如你說色彩燈光的不同
黑暗當然
也有它的層次
十二點過後
從旺角走往大角咀
每一步都不要踏著燈下的身影
於是你的腳
開始微微發腫

鞋也沾滿了

啞色的街景

有一回我彎身在路上尋找

還觸摸不清的

你的手

就帶來了手電

就立刻看見你童年不斷走過

不斷走過的鞋印

在這個我新來的舊區

凌亂的工程正繼續展開

我知十二點過後

不一定是告別的時刻

因為世界不是封閉的世界

只想知兩個角點樣可以砌成一個大咀

界線與光影幾時變得模糊

重疊的欲念要跨過時間

你知我會

對你遺落在黑暗中深淺的步履

充滿了凍傷的期待

這是一首充滿感情的詩。當「你」領著「我」走進「你」的世界，「我」也開始沿途、逐步認識「你」，「你」的手電筒亮起時，「我」「就立刻看見你童年不斷走過／不斷走過的鞋印」。「啞色的街景」更耐人尋味，因為「黑暗當然／也有它的層次」，城市的暗角比她的燈彩更立體。要認識「你」，就得深入黑暗的街道。同樣，要理解這個城市的成長和肌理，詩人也必須冒險認識其隱藏的一面。這個作品呈現了香港詩人一種走路的方式——從燈火通明的「旺角」走進黑暗的「大角咀」，從表面到內心，從單純到複雜，從封閉到接納，從暖熱的「欲念」到「凍傷的期待」——在追尋深刻的過程中，他們用自己的腿「走」過九龍最複雜的地區。

香港的北岸和九龍的南端描畫了舉世聞名的維多利亞港，也創造了渡輪的年代。溫乃堅的〈尾班輪渡〉[26]和廖偉棠的〈渡輪〉[27]分別寫出了中年人和年輕人對渡輪的感情。在溫乃堅寫〈尾班輪渡〉的日子，地鐵還沒有通車，有限的隧道巴士服務還未完全奪去渡輪的乘客，趕乘「尾班輪渡」回家，還是生活的必然部分。

尾班輪渡　溫乃堅

失去了選擇的時刻
寂寞。尾班輪渡
方向握在別人手中
疲倦留在自己心裏

灰白的霧迷濛海上
霧燈洞穿了夜
以淡黃之光
隱約如未熄的心火

時間之沙穿過無形的漏斗
一切事物隨著逸去
目的是歸家
卻沒有歸家之感

海風傳來老人的咳嗽聲
和初生嬰兒的啼哭
夜殘而黎明尚遠

我是無可奈何的歸客

1.3.1976

溫乃堅的作品大多透露一種私人的情懷，上面這首詩也不例外；但它比較容易代入，因為這個作品取材於當時許多人的共有經驗，內容也提升得很好。「尾班輪渡」上的冷清和孤獨，海上四面湧來的強勢黑暗，未曾預備好歸家的人如今必須歸家，其他機會都已經一一失去，要做的事仍多卻沒有人能夠理解，啟航時間、航行的方向和速度，都非乘客能夠左右；老人家老了，新生代繼來（海風傳來老人的咳嗽聲 / 和初生嬰兒的啼哭），夾在中間的自己，不能不按照生命的規律過日子——詩人借著「尾班輪渡」表面提供的「最後機會」，深刻指出人生的不得不趕忙，不得不妥協，不得不歸航；時間的刻度掌握一切。惟獨「未熄的心火」不甘消失，於是平靜的生命裏留下了隱約的痛。也許作者仍為著自己無法實現的目標感到遺憾、難過。我們無法知道他描述的種種無奈特指甚麼，但要進入這個渡輪上感情的世界，卻是不難的。在這個作品的意象框架裏，渡輪象徵著一個強大的載體，它控制了作者的命運。這個交通工具，連結著某種規律，它死板、野蠻、沒有情感，不尊重個體的追求。但是，比溫乃堅年輕三十三年的廖偉棠，卻對渡輪特喜愛，視之為失落歲月發光的盛器：

交通：地鐵輪渡及其他之 3. 渡輪　　廖偉棠

我也寫過渡輪：寫過它心中的木頭和滿身的貝蠣。
我也寫過一天海面大霧，只有十米的能見度，
只聽到船身在吱嘎作響，螺旋槳在緩緩轉動，
不知道自己在上升還是下沉……但是我喜歡你，
老太太，你長著厚繭的橡膠，皺紋密佈的纜繩！

我甚至喜歡你一天少過一天的乘客——
這些有點浪漫的人。他們乘搭渡輪，只為了懷舊；
就像我憑欄觀望，只為了灰色大海的虛無。
但這搖搖晃晃的時光一天少過一天，
有一次我找遍船上每個艙房，竟找不到一個船員。

但我還是撫摸著你木頭上粗糙的紋理，
我還是陪伴著你這數十張空落的長椅，
有一次我為你拍了幾張黑白照片，
看著你像看著一個五十年代賣藝的少女。

作為謝幕，我聽到她說：「渡輪已停靠碼頭，

乘客們請離開我的身體。」

廖偉棠對渡輪的看法，明顯與天天乘船上班放學的人不同。他浪漫地看著渡輪上的「厚繭的橡膠，皺紋密佈的纜繩」，聽著「船身在吱嘎作響，螺旋槳在緩緩轉動」就覺得有趣，對他來說，船屬於傳說，屬於過去，屬於繼續被年輕一輩陌生化的「五十年代」，而不是日常生活；他走到船上如同走進了博物館，可見時代的久遠和它的光環總是形成正比的。對於我們這些曾經天天趕船上學(我住在深水埗，學校在西營盤，當時沒有地鐵，隧道公車也很少)的人來說，廖偉棠的作品美則美矣，卻不免讓人感到匪夷所思；但這種新鮮的眼光，能夠帶領我們用意想不到的角度和距離去看那早看得麻木了的事物，故其作品讀來仍是非常動人的。溫乃堅的迫不得已，廖偉棠的懷舊好奇，都為我們認識的渡輪穤上了個人和不同時代的氣質，可見這站在時代交界處的古老交通工具，依舊向著不同年紀的耳朵吟唱著相異的歌聲。香港這千變萬化的母親，也同樣向著貧富不一、老少不同的兒女說出不同的慈和的話。

廖偉棠也寫地鐵。對這位年輕詩人來說，地鐵是他的同代事物，是必然的生活空間——他在這裏等人，上班下班，聆聽

路軌的「琴絃」。對年輕如廖偉棠這一代詩人來說，地鐵不是快，只是不那麼慢。地鐵不是老奶奶，不是被海港展覽的會動的骨董，而是他存在的「此時此地」。細心閱讀地鐵裏的廖偉棠，你馬上就感受到他和地鐵的感情深厚得多：

交通：地鐵輪渡及其他之 2. 地鐵[28]　　廖偉棠

我如此幸運：總是在地鐵站裏等人。
我如此幸運：就像深入岩石中的一顆鐵釘。
每天下班，我盲目地來到這裏凝視
這條蜿蜒數十公里的鐵軌——彷彿城市的人造脊椎，
彎曲、容易折斷，卻支撐著這麼多疲乏的身體。

在去年，我還不擁擠地鐵上班的時候，
我曾經把鐵軌比喻成琴弦，把列車比喻成手——
現在我心中還殘留著這點詩意，但是更冰冷！
當我凝視，這鏽蝕的琴弦沒入泥土的啞寂，
一列空無一人的列車和我擦肩而過，轟鳴著！

「車站之『噹』聲是為視覺受損人士而設。」

但聽覺受損的人更喜歡這巨大的空間中
孤單的聲音：「嘡——嘡——」當他不再傾聽
這被人羣凌亂的腳步踐踏的鋼琴，
一列空無一人的列車，和他相遇，在肩背上的車站
下起了去年的雨

在眾多以地鐵為素材的作品中，廖偉棠這首詩最深得我心。它不但用喻精確而新鮮（「這條蜿蜒數十公里的鐵軌——彷彿城市的人造脊椎」），感情飽滿（「彎曲、容易折斷，卻支撐著這麼多疲乏的身體」），想象力豐富（但聽覺受損的人更喜歡這巨大的空間中／孤單的聲音：「嘡——嘡——」當他不再傾聽／這被人羣凌亂的腳步踐踏的鋼琴，一列空無一人的列車，和他相遇／在肩背上的車站／下起了去年的雨），更能運用具體的場景和幻想，表達出在龐大的集體運輸體系裏個人心靈的空寂和孤單。詩人用「冷」來刻畫這種奇異的感受，但他似乎也能夠享受這種由冷鋼所賜予的思想空間，人與地鐵之間漸漸產生了音樂、激情、對話、相知與相憐。擁擠的車站可以在詩人的「凝視」和「傾聽」下變成一個美麗、哀傷和充滿回憶的處所——難道這不正是在城市裏詩人和「詩意」交往的方式嗎？

相對於渡輪的緩慢與地鐵的安全，高速奔走的深宵亡命小巴，確實是可怕的交通工具，但對乘客來說，這是否一種真正的選擇呢？在沒有地鐵的區域、公車疏落的時刻，除了這號稱「飛天棺材」的十六座位小型巴士，難道還有其他辦法尋找家的安妥嗎？走上「飛天棺材」的那一步，本身就是個吊詭。洛楓的《飛天棺材》，就是以這種可怕交通工具的惡名為題的詩集。集中的同題作品，一方面描寫「飛天棺材」在公路上疾馳的實況，一方面以比興筆調拿它的旅程與愛情的驚險作類比。這個作品可感的實體，同樣落在香港人常識範圍內的喻象之上：

飛天棺材[29]　　**洛楓**

凌晨五時被雷聲劈醒
醒來第一句想跟你說的話
是我們的算計都錯誤了

房子外有一條公路
公路上有一種飛天棺材
棺材內的十六條性命
祇交給一個司機

如果他不喝酒、不抽煙、不談手提電話
如果天不下雨、不長霧
路邊不閃出小狗或老人
我相信是可以長命富貴的
常常在亡命的旅途上
聽同一首歌哼重複的拍子
每次歌詞昇到最高的音節時
車子總剛巧滑過一個死亡的彎角
車輪傳來撕裂的呼喊
……

夜裏，當別的交通工具都停駛的時候，不少人都只好接受這樣的一程車——幾乎得用宗教的信心把自己的生命交給一個陌生的掌舵人。當中實在有太多發生意外的可能了。司機是盡責（不吸煙，不喝酒，不打電話）的導航者嗎？道路是坦途（沒有閃出的小狗和老人）嗎？上頭是晴朗（不下雨、不長霧）的天空嗎？這一切，都不是乘客能夠控制的；即使這許多因素都齊備，小巴飛行的速度仍不是車子能夠承受的，聽，「車輪」已經「傳來撕裂的呼喊」。看到這裏，讀者發覺詩人忽然已經巧妙地把自己的處境從牀上挪移到這飛馳的小車上了。「劈醒」詩人的「雷聲」，原來也可以是亡命小巴的輪子在叫（寫實地）或它遇上交通意外時的巨響（聯想），甚或天譴的聲音（暗示愛情的不安分性質）。「醒」對照了躍進愛河時的蒙昧和任性，「醒」意味著對強大死亡的臨在有所認知；繼續飛行，則是一種宣告，表示已經準備好隨時死亡。選擇冒死飛翔的人，也選擇了不守規矩：

> 假日的時候公路總堵滿車子
> 像無頭無尾的彩色蜈蚣
> 彎彎曲曲的關節兩頭都不是結局或開始
> 沿路有警察維持或干預秩序
> ……
> 愛冒險的小巴司機突然也會心血來潮
> 在危急關頭考驗闖過黃燈的速度
> 剎時撞向石壆再反彈鐵欄
> 才發現唱盤也會跳針電源也會中斷
> 原來相愛很難

不甘平庸的飛天愛情帶來的是「隨時會死在半途上」的結局，車子的惡名馬上應驗，成為未竟全功、未得歸宿者的「棺材」。作品在此突然收結，最後的決定是不是下車？還是繼續違規、飛行？詩人不打算為誰提供答案。洛楓的〈飛天棺材〉確實是非常優秀的情詩，它擺脱了一般情詩的甜膩和傷感，以日常經驗和事物構造新鮮的意象，提供了對應主題的激情和自省，更恰如其分地引入了相關的瑣細——如果不是親自經歷過這種交通工具的動感和險情，絕對無法寫出這樣質感強烈、感情深刻而結構完整的作品。

比起〈飛天棺材〉的險峻與高速，陳德錦的〈電車〉[30]之所以扣人心弦，反在乎它所呈現的穩妥、安靜與柔和。到了今天，電車服務香港已經超過了一百年，它比巴士早二十年出現，它的歷史幾乎就是與港島區的歷史。陳德錦寫〈電車〉的時候，香港剛剛目睹六四發生，大量市民因對九七不安，移民外地。讀這首詩，我好像看到了一輪騷動之後安靜下來的湖水。寧靜的倒影再度出現，一度震盪的市容，如今又澄明了，且看高樓大廈的腳下，老白姓如何繼續工作、讀書、帶孩子：

一種衰老的力量
緩緩地向前移動
漫不經意地分開
兩邊擠逼的高廈

有時錯覺它是
一所移動著的臨時房子
載著一羣同路的人
在風雨飄搖的季節

駛過一站又一站
冷眼看倒退的風景
駛過雜貨店便利店
荒地豎起水泥和鋼筋

顫動著駛過玻璃幕牆
在一列舊店鋪前
徘徊，彷彿一個老人
忽然忘記了回家的路

固定的迴旋處
固定的路線，從不越軌
排列起來像一堵長城
可以抵抗時間的風沙

而無論雨天或晴天
鈴聲敲響著沉重的步伐
在開了頂的車廂上層
一隊風笛吹奏一段歷史

常常，孩子雙腿在椅邊
搖晃；白了髮的祖母
在車廂睏睡，因為車程
很長，心臟甚至不再跳動

在薄霧的早晨
駛出古老的電車廠
頑強，守時而堅韌
駛過本來曲折的街道

滿身斑彩，從一片荒野
走近來，一匹衰老的獸
反芻著時間，那隱祕的
力量，彷彿已完全恢復

1990.9.12

無論自覺還是不自覺，陳德錦已經把一段又一段的香港歷史放進了穩步移動的龐大車隊[31]裏去。初來香港的內地移民，難道沒有「錯覺它是 / 一所移動著的臨時房子」，以為自己只會在香港逗留一陣子嗎？然而，過了一代又一代，香港人漸漸已經失去了回鄉的可能，「彷彿一個老人 / 忽然忘記了回家的路」，落地生根，香港已經變成他們的家鄉了。時日太長，上一代安息了，「白了髮的祖母 / 在車廂瞓睡，因為車程 / 很長，心臟甚至不再跳動」，新生代繼續電車的旅程，「孩子雙腿在椅邊 / 搖晃」，創造了電車所見證的一切，它「駛過一站又一站 / 冷眼看倒退的風景 / 駛過雜貨店便利店 / 荒地豎起水泥和鋼筋」，城市在成長，電車在衰老，但看起來單薄瘦弱的每一輛車子，原來也可以聯手發揮極大的力量：「排列起來像一堵長城 / 可以抵抗時間的風沙」。這兩行詩讓我想到香港市民多次秩序井然、最後改變了政府態度的遊行，和賑災時的無私與團結。讀陳德錦這個作品，教人為時光的飛逝感慨萬千，也打從心底裏為香港感到驕傲。陳和我一樣，都是在孩童時代來港定居的移民，對於香港的市容變遷、身分自覺、人口老化和政經前景，有從距離而衍生的靜觀之目。電車「從不越軌」，我們也奉公守法；電車「滿身斑彩」，我們也戰績纍纍；電車「守時而堅韌」，我們同樣努力而頑強——只有這樣，今天的香港，才能從四小龍中脫穎而出，成為「紐倫港」鼎足時代的亞洲棟梁。

從渡輪到電車，從小巴到地鐵，我們的步伐緩急不一，我們的進展時快時慢。但我們知道，只要城市保持流動，我們就有了期待，期待變化，期待一個一個驛站帶著驚喜出現在眼前，期待今天能夠成為將來的美談，期待將來成為更好的今天，期待走路的過程成就我們獨有的詩歌。

結語：愧疚與光榮

文學無法脫離它賴以產生的時空，時空無法脫離它注定承載的生活。歷史收錄的是民情的結果，而不是民情；文學卻是用個人、細節和場面來感光的，文學的照片不一定聚焦於偉大的人物，文學的景深收納的是老百姓的等待和嘆息。歷史讓我們思考，文學也讓我們思考。前者叫我們明白因果的關係，後者叫我們了解因果途上一切的無奈與歡愉。香港詩人是敏銳而誠實的，他們勇敢地暴露了沒有風花雪月或傳統美學憑證的粗糙生活核心，坦蕩蕩地呈現這個城市的醜惡和善美。他們期盼的，無論多麼渺小都會和你分享；他們能夠做的，無論多麼不濟也會雙手奉上。通過住房的艱難，香港詩人告訴你這個城市是多麼的髒亂和擁擠，價值怎樣被扭曲；通過衣服的意象，香港詩人指出真誠的榮美與難求，誘導我們感受親情的能量和深度；通過種種吃的情態，香港詩人展示了這個城市的感情流向、身分自覺和歸屬感；通過各樣交通工具的類比，香港詩人陳列了幾代市民的交流方式和歷史觀照。當詩人仍然必須注目於生活所需的時候，這個養育了他們的城市，應該同時覺得愧疚與光榮。愧疚，因為她對寫詩的人仍不夠愛護，文學工作者的工錢仍不夠餬口；光榮，因為她的詩人仍然堅持為她創作，並且以市民的名義，繼續書寫對她的情愛。

本文用書請參考書後之延伸閱讀書目。

二

生命，不刪之文本

文學觀察、理解、抽離、擁抱和述說生命——或說，忙碌地應付著生命。

4

開鎖人的曲別針
——新詩無密碼，生命有宏圖

人說詩歌是小眾文類，新詩更是如此，因為那是「設了密碼」的，不容易開鎖解讀。

以前，連文字也是小眾的，大部分人是文盲。唐代詩入科舉，詩歌因而大盛。李杜過去了還有小李杜，王孟逝世後還有新王孟，可見詩屬大眾還是小眾，端與教育政策有關。

教育，就是去除迷信、獲得智慧的過程，其間得以增長擴大的不但有知識，更有視野。新詩百年依然小眾，正因為教育無暇兼顧、或懶於推廣。日本人開始要求大學結束文學藝術的課程，或關閉文學院，把我嚇壞了。此風不可長！

詩像語言，人能從小浸淫其中，方得要領。據說，中年華人旅居英美，四五年之後依然牙牙學語，英文發音不準。但其子女於當地出生，不足三年，已經一口純正英調美腔。同理，詩歌不能「忽然」靠著某些「理論」學會，用理論來教人「解密」的，最後必發現這一類框架永遠只是一種約束。強如聞一多，一篇〈詩的格律〉大行其道，至今人人都在說他的「音樂美」、「建築美」和「繪畫美」；他更以〈死水〉為例，說詩說得頭頭是道，此文幾乎成為百年來對新詩的全部認識——新詩要有自己的格律——以及公開試的必勝文評答案。大家以為新詩的密碼從此解開，其實不然。熟識他的人（如梁實秋）曉得他一時感情衝動，婚外愛上女子，竟寫出了更激情更動人的〈奇迹〉，此詩竟和他的理論背道而馳，根本就沒有格律可言，但是詩寫得好極了。在〈奇迹〉裏，格式、音尺、平仄、韻腳都不是重點，感情才是。這說明了甚麼？這否定了聞一多自己的理論嗎？當然不。新詩中確有「三美」的元素，也有歌的節奏——那也當然可以用格式、音尺、平仄、韻腳來成就，但是，它們不是詩的全部，不是評定好詩壞詩的惟一準則，更不是新詩的解密鑰匙。

真正的開鎖器不是百合匙，而是千變萬化、可以彎來曲去的曲別針——萬字夾。百合匙是保安拿的，萬字夾才是高手用的。我們用「密碼」一詞，正好暴露了自己的「看更」身分。真正的讀詩高手是個「黑客」，詩人卻要引以為知音。他們在情懷的高空相遇，下面的人以為可以用望遠鏡看個清楚；殊不知他們本該從小學飛，真正加入高空對話的行列，才能真正參與詩人的交流。

然而，事既如此，我們該怎麼辦才能把詩歌讀好、讀透？我的建議是跟內行人做朋友，一起聽詩、談詩、賞詩，逐步進入詩人的世界；千萬不要靠拿著望遠鏡的「外行人」給你解說。孩子小時就要讓他讀詩，就如教他游泳。沒多少人是在成年後才學會游泳的。我的一位中年朋友去參加游泳班，以為“beginners”（初學者）已是最低的一班了，豈料教練說，還有一級叫做“the absolutely terrified”（絕對畏水者），問她要不要參加。一桌子與她吃飯的人聽了都笑得前仰後合。且別笑，這可是個不二真理。平日不讀新詩的話，即使是文人，面對這些分行的東西，也會覺得 absolutely terrified。

新詩的難，難在它常常給人一種謎語感。但細心想想，我們從來不怕猜謎語，為何怕新詩？另一方面，這更是寫詩的人自己該好好反省的。我們可有把新詩寫成無法還原的圖像或概念，而忘記了當初要表達的信息？詩人請聽：不要只顧建構文字的迷宮來嚇唬讀者。年輕詩人常有這樣的傾向：以為弄得讀者一頭霧水的話，他們的詩就「耐讀」了。

其實，真正的好詩使人「悠悠迷所留」，原因是「酒中有深味」（陶潛〈飲酒〉其四），非靠扭曲的語言、頹廢的心境或血腥火爆的意象充撐而成。這一類做作的詩充斥詩壇，也是讀者對新詩望而生畏的原因之一。好詩文字從容自然，意象新鮮貼切，內容有人生的深度。這裏，請讓我舉出兩首題旨相近的上乘作品為例。一首是本地詩人鍾偉民的〈乘車〉，[1]另一首是二〇一一年諾貝爾文學獎得獎詩人特朗斯特羅默（Tomas Tranströmer）的〈哀歌〉。

鍾偉民於嶺南學院文史系畢業。本港詩人、小說家。曾任《明報》、《蘋果日報》副刊編輯。

乘車

黃昏以後，黑暗的篷車便自林中升起
死亡是一副副沒有內容的盔甲，悄悄步來
把應有的內容強接回去

猶未登車者，仰望整座顫顫欲馳的天空
駛向心靈中，星光漸滅的通道
當喘息深如沼澤，卻吐不出半點暮鴉
篷車的黑門，將緩緩開啟

逡巡門旁者，惶惑四顧
想及童年，想及被逼寄宿到燈火冥暗的村落
衝口說自己錯了，從此愛護公物，不再逃學
而人羣還是不捨地在車後揮手，按例說
這是谷中最勇敢的孩子，只躲著哭泣
且寫下了一千種不怕寄宿的理由

但隨著篷車絕塵遠去
經過的湖泊，向日葵猶低頭吻日
愛人頭上，朝開暮落的木槿，還是那樣明燦
車中的回望者，你將
因黑暗悲泣，還是因光明悲泣

鍾偉民對「死亡」這主題頗為執著。〈乘車〉說的是人離世前後的光景，及其引發的哲思。詩的結構很清晰。「篷車」出現，死亡趨近，它把門打開，要把將死的人「強行」接走。死亡到來的時候，人不得不接受。首節不難解。

人認為死亡是黑暗的開始：「猶未登車者，仰望整座顫顫欲馳的天空／駛向心靈中，星光漸滅的通道」（第二節）。快要登車的人（逡巡門旁者）回顧自己所做過的錯事，馬上認罪悔改，希望不用死；詩人藉此表達了人面對死亡時的恐懼：「想及童年，想及被逼寄宿到燈火冥暗的村落（死後世界）/ 衝口說自己錯了，從此愛護公物，不再逃學」（第三節）。此詩用筆輕鬆，但深沉耐嚼。將死的人那麼害怕，述史的卻還在讚美他勇敢呢！這裏說的是活人世界的虛偽。

但是，死亡真的如此可怕嗎？詩人說：未必！死後的世界有誰知道呢？說不定它比現實世界更光明：死者的行程中盡是美景：「經過的湖泊，向日葵猶低頭吻日 / 愛人頭上，朝開暮落的木槿，還是那樣明燦」（第四節）。

從這些變化，我們看見詩人筆下的死者心境的變化：由不願變成害怕，再又害怕變成驚訝、甚至喜悅。木槿易枯，青春速逝；但是，在倒影（向日葵猶低頭吻日）一樣的死亡裏，花不落、人不老，說不定這才是最好的世界。這首詩難懂嗎？不，只須通過三言兩語的介紹，我們就可以開始賞析了。但請注意，這只是開始，偉民此詩華美而深沉，豈是這麼容易說得盡的呢？不過，篇幅所限，餘下的就留待大家去細味了。

另一首詩寫得更加切身，因此，特朗斯特羅默（瑞典詩人，心理學家，鋼琴家）的這個作品〈哀歌〉[2] 使人動容：

我打開第一道門。

那是個陽光遍照的大房間。
一輛重型車在外面走過。
瓷器杯碟都顫抖 。

我打開第二道門。
朋友啊！你喝下一點黑暗
就看得見你了。

第三道門。狹窄的房間。
外面是一條後巷。
一柱街燈照在瀝青上。
經驗，它美麗的殘渣。

一般來說，〈哀歌〉是輓歌，寫給已死的人。詩歌寫的應是「訪舊半為鬼」(杜甫《贈衛八處士》)的悲涼和寂寞。「朋友啊！你喝下一點黑暗 / 就看得見你了」說的似乎是友人離世(喝下一點黑暗)，人才懂得思念(看得見你了)。這樣解讀是正確的，但詩人當時才只四十出頭，應還未到「訪舊半為鬼」的年紀，這就惹人遐思了。

詩，經常是個多層結構，而且層層可讀；歧義共存乃常事，讀者不必選一。因此，這首詩也可以表達出詩人因為純真而深受傷害的過程。先是天真年少，與「朋友」面對面喝茶（瓷器杯碟）而看不見其真面貌，直到對方「喝下一點黑暗」才猛然省悟。最後一節所述的哀傷和孤寂，是因為發現人生其實沒有真正的朋友，反是不斷被出賣的過程。死去的是友誼。哀歌的哀，同樣觸及死亡，但這是感情的死亡。

我們也可以發展第三種閱讀，或二選其一，或索性不選。其實，我們選擇怎樣解讀這首詩，並不反映詩人的看法，倒透露了我們自己的性情。

晚唐詩人李商隱的《登樂游原》是大家熟悉的作品：「向晚意不適，驅車登古原。夕陽無限好，只是近黃昏。」此詩易解，似乎難不倒甚麼人。我也一直是這樣想的。直到有一天看到一說，作者認為「夕陽無限好，只是近黃昏」的「只是」，在唐代其實可解作「正是」——我的閱讀視野於是豁然開朗！本來的解讀法，轉折處在後二句中間，而用這樣新鮮的讀法，轉折處則在第二句末：黃昏帶來驚艷之感，能扭轉情緒。因此我喜歡後者。

曲別針打開了的，竟然還不是詩人的詩，而是我們潛意識裏的密碼。讀詩，原來也是個認識自己的過程。

本文曾於第十三屆香港中文文學雙年獎（2015）新詩研討會發表。

5

閱讀苦瓜的苦
——讀黃偉文、張芳慈、梁秉鈞及余光中的作品

黃偉文先生填詞、陳奕迅獨唱的〈苦瓜〉風行一時，歌詞大受好評。黃指出苦瓜又名「半生瓜」。人到中年，才懂得欣賞苦瓜的苦。陶潛謂「酒中有深味」，苦瓜也一樣。詞評人梁偉詩於〈詞話詩說：苦瓜〉這樣說：

> 〈苦瓜〉從「也無風雨也無晴」的腔調，寫出在故人重逢的場景中，再見到苦瓜這道菜時的會心微笑。今天對苦味的欣賞，相對於年輕時怕苦怕澀的條件反射，當中經過了時間的淘洗。正如有一些人生道理，「提早」說出來是沒有效果的，必須聽者自己體會後，才會進化為成長中的智慧。

對我來說，黃的歌詞寫的還不是「也無風雨也無晴」的大化之境，反是對生命的接受，帶著「卻道天涼好個秋」的含蓄。這與台灣詩人張芳慈的小詩很相似：

走過
才知道那是中年
以後弄皺了的
一張臉
凹的 是舊疾
凸的 是新傷
談笑之間
有人說
涼拌最好

張的苦瓜也是「半生瓜」。「涼拌」寫實，同時引入「欲說還休」的心境，苦瓜以小點的姿態在主餐前從容來去，沒有人強調，也沒有人注目，生命的苦點染著繼來的一切味道，卻適可而止。

本港詩人梁秉鈞先生的〈給苦瓜的頌詩〉同樣廣受歡迎。

等你從反覆的天氣裏恢復過來
其他都不重要了
人家不喜歡你皺眉的樣子
我卻不會從你臉上尋找平坦的風景
度過的歲月都摺疊起來
……
不一定高歌才是慷慨
把苦澀藏在心中
是因為看到太多虛假的陽光
太多雷電的傷害
太多陰晴未定的日子？
我佩服你的沉默
把苦味留給自己
在田畦甜膩的合唱裏
堅持另一種口味
你想為人間消除邪熱
解脱勞乏，你的言語是晦澀的
卻令我們清心明目
重新細細咀嚼這個世界

（節錄）

梁親自告訴我們，此詩寫的是經歷過文革之苦的人。「等你從反覆的天氣裏恢復過來⋯⋯人家不喜歡你皺眉的樣子／我卻不會從你臉上尋找平坦的風景」等詩句，經詩人引導，確能使人聯想到文革。但如此解讀，後半部就有點偏離主題了。

這個作品中，詩人塑造的不是「半生瓜」的成熟，而是「君子瓜」的美德：「把苦澀藏在心中／是因為看到太多虛假的陽光／太多雷電的傷害／太多陰晴未定的日子？／我佩服你的沉默／把苦味留給自己」。用苦瓜做菜，其他食物的味道會變得更有層次，但不會苦。把這種理解套入文革的語境裏，顯得勉強。因此後面的詩句反倒讓我想到梁秉鈞的其他作品，例如〈蓮葉〉：「蓮已是陳言，若果／我們不能找到自己的／種子，開出新的花。／指著這顫動的微紅的尖端，你說／這是芙渠，你說這是菡萏／叫它許多好聽的名字⋯⋯又有甚麼意義呢？」

七十年代，有「余派企圖壟斷詩壇」之說，反余的聲音中，梁旗幟鮮明、影響深遠。當時余光中先生在中大教書，對創作情竇初開的年輕人都深受其文風影響。但這些年輕作者很快就「被余派」了（給人歸類為「余派」），部分更備受攻擊，作品被指語言華麗而內涵單薄。說梁「在田畦甜膩的合唱裏／堅持另一種口味」寫的是文革，較難理解；倒不如說那是對「余派」文風的批判。其信息是：「苦瓜」要脫離「田畦甜膩的合唱」（余風），努力做「清心明目」、「消除邪熱」的詩人，「堅持另一種口味」（梁風）。苟真如此，這首詩對「甜」和「苦」的理解也實在有點太簡單了。我總覺得，「君子瓜」的美德，應該包括對其他文學口味的尊重。

梁詩不少都寫得極好，余詩中也有很多登峯造極的作品，包括下錄的〈白玉苦瓜〉：

似悠悠醒自千年的大寐
一隻瓜從從容容在成熟
……
那觸覺，不斷向外膨脹
充實每一粒酪白的葡萄
直到瓜尖，仍翹著當日的新鮮
……
不幸呢還是大幸這嬰孩
鍾整個大陸的愛在一隻苦瓜
皮靴踩過，馬蹄踏過
重噸戰車的履帶踩過
一絲傷痕也不曾留下

只留下隔玻璃這奇迹難信
猶帶著后土依依的祝福
在時光以外奇異的光中
熟著，一個自足的宇宙
……
久朽了，你的前身，唉，久朽
為你換胎的那手，那巧腕
千眄萬睞巧將你引渡
笑對靈魂在白玉裏流轉
一首歌，詠生命曾經是瓜而苦
被永恆引渡，成果而甘

（節錄）

台北故宮博物館裏的「白玉苦瓜」是清代白玉雕刻，神貌俱佳：真是「直到瓜尖，仍翹著當日的新鮮」。余光中此詩寫的是人與藝術的關係。苦瓜或人都是必朽的，藝術的不朽和藝術家的必朽，形成強烈對比。但是，藝術由藝術家創造，藝術家讓藝術永恆，藝術也讓藝術家永恆。過程中，藝術家（大如家國，小如一人）受苦愈多，對人生的體會就愈深，所成就的藝術也必定更偉大。

張說人生本來就是苦的；梁說苦是用來對抗甜的；余說為了永恆的藝術，這短暫的苦是必須承受的。梁秉鈞以〈給苦瓜的頌詩〉自喻，余光中用〈白玉苦瓜〉自況，張芳慈不也一樣嗎？我不知道為何苦瓜總是那麼得寵，只曉得這幾首詩讀來都有點深沉的苦味。

本文曾於二〇一四年香港浸會大學獅子山詩歌朗誦會發表。

6

蒙塔萊的祕密
——讀〈也許，一天清晨〉

可能是一天的清晨[1]　　**蒙塔萊**

可能是一天的清晨，我在清新的天空下前行，
扭回頭我看到奇迹的出現：
我的身後竟是虛無，是空洞，
除去一個醉漢所具的驚恐。

然後，樹林、房舍和山巒依次出現，
像銀幕上慣常的欺騙。
但已經為時太晚，我默默地繼續前進，
帶著我的祕密，在那些從不回頭的人流中。

May Be One Morning [2] by Eugenio Montale

May be one morning walking in a glassy arid air,
I will see the miracle accomplish itself :
the nothingness at my shoulders, the emptiness behind
me, with a drunken terror.
Then like on a screen they'll encamp suddenly
trees houses hills for the habitual deception.
But it shall be too late and I will go silently
behind the men who do not turn, with my secret.

讓我們先看看不同的譯本

幾年前讀到這首詩的上列中文譯本。它筆調簡單、從容、自然，設景優美，深邃的默觀世界充分開展，意象鮮明而完整，深深吸引我。偉大的詩人蒙塔萊（Eugenio Montale）總能「四兩撥千斤」，以小小篇幅呈現巨大的智慧，無論你讀多少次，吃驚、佩服的感覺還是一樣源源湧溢，使人回味。

這個中文譯本是駐義大利羅馬長達七年的新華社記者劉儒庭先生所譯，收錄於台灣吳潛誠先生策劃的「桂冠世界文學名著」之《蒙塔萊詩選》內。因為我不會義大利文，只好又找來了一個英語的譯本（這個版本由一位義人利的女醫生、業餘翻譯家 Dr Fiamma Ferraro 所譯），之後又向深諳義大利文的朋友黃國彬教授請教，問他哪一個版本比較貼近原文，他說英語的貼近得多，因此，今天的分享也以英文版本為依據。下面的「二手」翻譯嘗試，來自上面的英譯本。

也許，某個清晨，走在枯燥的玻璃空氣裏
我會看見奇迹自行成就：
我肩上的虛無，我身後的空洞
以醉酒的驚恐

然後，樹木房子山巒忽爾於此
扎營，像熒幕上常見的虛像
但那時已經太遲，我將會靜靜前移
隨著頭也不回的羣族，帶著我的祕密。

我讀這個作品的時候，自己好像進入了詩人走著的清晨的街道。這條路，他大概每天都走。他說：「也許，某個清晨」，走在清朗無塵（玻璃），也沒有特別干擾、特別趣味（枯燥）的空氣裏（寫實地、象徵地），說不定會有所覺悟。

不能踐行的覺悟

但很奇怪，按理說，他「已經」覺悟了，否則無法寫出接著的詩行。他悟到的，頗有佛家的「空」味：「我肩上的虛無，我身後的空洞」。奮鬥帶來看似豐盛的人生：自我肯定、成就、高名、財富和權力，但原來人所背負的東西（肩上），帶著的財產（身後）都是虛假的、烏有的——只要你肯回頭看，必能明白。

既然已經醒來了，為甚麼詩人還要用不肯定（「也許」、「某個」）的語氣和「未來」時態寫繼來的詩句（我「會」看見奇迹自行成就）呢？我的理解是：這種覺悟不一定同時帶來「踐行」的自主權和力量。詩人要突出的，可能正是這種無奈。

換句話說，這醒轉的過程並不完整，人走在路上，即使醒了，路還是得走下去。詩人說：也許到了明天、後天，或很遙遠的一天，我才能完全地放開一切（回頭），面對生命的本質，真誠地、清醒地、自主地活著；但今天我不能。

不能不守的秘密

詩人的開悟，也使他看穿了前路的詭詐。生活上的種種「現實」（樹木房子山巒），原只是仿真度極高的幻覺（忽爾於此扎營 / 像熒幕上常見的虛像），但平面的呼喚，竟也能讓我們奉上立體的人生，直至南柯夢醒，痛苦地發現第一節所言的「虛無」和「空洞」。如果詩人就此收筆，我也許會感到失望。這種心境，很多人處理過了，中國文學裏，這一類作品特別地多。幸而他這首詩的最末兩句，實在寫得出色，但這種出色不在於文句語調的拔尖而起，也不在於哲思境界的高遠偉大，乃在其描述真實人生處境的智慧。人是那樣地無助，那樣地不自由。覺醒了的人，原來只能選擇繼續走在從不回頭（不反省、不自知）的羣落裏，隨波逐流，甚麼都做不來，他不可能故意掉隊或回頭，表示個人的聰明和偉大（那是自義的，不成熟的，自戕的）。於是我們在充滿欺騙的路上不斷往前走，帶著「已經覺醒卻無能為力」的痛苦，帶著那種無法與別人真正溝通的孤獨。「祕密」一詞，指的正是首節所寫的覺悟，筆調輕鬆，所指卻至為沉重。

因為有了這個點睛詞，我們在閱讀路上可以走得更遠：既然是個「祕密」，那麼人羣中的醒覺者，到底是不是只有詩人自己呢？這些人裏面，會不會有很多同樣感到空虛受困的心靈？「帶著祕密」的人即使意識到彼此的存在，但在龐大的強迫性孤獨系統裏，「祕密」仍舊是「祕密」、必須是「祕密」，無法道破、更難言分享了。「帶著我的祕密」是個耐人尋味的結語，因此不但使我感到了詩人的無奈，也讓我看到了好詩無盡的疆界。

讀到這裏，我們也更明白第一節的「覺悟」為何無法完全了。詩人仍在等待那個未來的清晨。只有八行的詩，也做到這樣的呼應功夫，不是很叫人吃驚嗎？

不在乎你寫甚麼、怎麼寫

蒙塔萊的詩總能為我帶來奇異的寧靜和美麗的沉思。我常常跟學生說，要把詩寫好，不在乎「寫甚麼」、「怎麼寫」，因為一旦進入詩的領土，你的「真我」就無所遁形。因此，「你是個怎樣的人」才是最重要的。我喜歡蒙塔萊，因為他這個人很有深度，很真實，也很美。

7

大亨不大，小傳不小
——為李安納度重讀《大亨小傳》

在香港，《大亨小傳》(*The Great Gatsby*)這電影沒掀起甚麼熱潮，但總有人會為它從書架抽出書來重讀一遍。上映前，女兒問我：「你猜誰演蓋茨璧(Gatsby)?」我想都不想就說：「當今影壇就只有他——李安納度・迪卡比奧(Leonardo DiCaprio)。」但影片給我印象最深刻的，竟是演出「尼克」的杜比・麥奎爾(Tobey Maguire)。「蜘蛛俠」已經三十七八，但仍孩子臉，演三十歲的故事敍述者，真是不作他想。最後尼克透視了生命的虛空，由大孩子變成滄桑的成年人。他和原著者美國小說家費茲傑羅(F. Scott Fitzgerald)的長相有九成相似，使人驚奇不已。我深信導演第一個就找他。

「大亨小傳」這名字估計嚇走了很多觀眾。「大亨」固然不是青年人感興趣的「老餅」人物，也只能叫老一輩觀眾想起梁醒波。但看過書的人都知道，那是個年輕人的故事。敍述者尼克到故事幾乎結束時才三十。第三男主角湯姆是他在耶魯大學的同班同學，年齡可想而知。女主角（湯姆的妻子）黛西雖然已為人母，故事中其實只有二十三。而她的好友喬丹（一位女高爾夫球手）比她還小。湯姆一面和蓋茨璧爭奪黛西，一面與一基層少婦梅朵有染。這六個人，在驕傲、沉溺、愛慾、嫉妒、自私和自戀的人性交錯之中構成了故事的框架。

很多人就把這小説看成愛情故事（因此輕看了費茲傑羅的大有人在），不錯，這確是個「拆卸」愛情的故事。湯姆與梅朵的情慾中帶著佔有和不屑，他甚至要把自己的玩物拿給尼克看。尼克與喬丹給形勢和家世撥歸為一組，都只能在有限的選擇裏含蓄地等候愛情的垂顧。湯姆和妻子黛西以「藍血」相連，身分與金錢把他們綁得緊緊的，以致可以肆無忌憚地彼此背叛。只有蓋茨璧對黛西的愛經年不渝——但且慢，他其實一點不認識黛西這個虛榮而膚淺的女子。她是他人生中的一個缺口，他的美國夢裏的必然小拼圖片。他愛的不是她，是想像中的她。這夥人走在一起，碰碰撞撞，都給寂寞凍傷，一生難以康復。

在道德的光譜上湯姆落在最暗的一格。他恃「財」傲物，恃「血統」傲人，歧視女性和黑人。他自己和梅朵在市區裏亂搞一通，但知道妻子請蓋茨璧來吃飯，竟說：「他媽的，也許我腦筋太舊，我看這年頭小姐太太們拋頭露面未免太過分了，阿貓阿狗碰到了都算認識。」(第六回)[1] 他結婚才幾天就和一個女僕搞在一起(第四回)。他私通梅朵，但不容梅朵提起黛西的名字——不因他愛黛西；乃因對他來說，梅朵只是玩物、用來滿足個人的情慾，黛西卻是家當，用來裝點自己的出身。

黛西的一生，似乎只想做好一件事——她追求所有人的注意，丈夫的情固然不可或缺，舊愛的心也理所當然要得到，遠房表兄也是拿來撒嬌的。她從沒弄清楚人生是用來做甚麼的。她濫情，因為那已經是她生命裏最好玩的東西。無聊而虛榮，使她這個天生的支配者一直被支配著。「『今天下午我們做甚麼消遣？』黛西連說帶喊：『今天下午，明天下午，再過三十年下午我們做甚麼消遣？』」(第七回)她的淺薄和貧乏，蓋茨璧是看到的，卻不肯承認，如同人隱藏自己買錯了東西，特別是非常昂貴的東西。

費茲傑羅並非那些只懂得控訴上流社會、強調階級矛盾的站邊作家。很多人都忽略了他在故事裏對基層人物的立體刻畫——他筆下的窮富二族，都過著無奈而憤怒的人生。梅朵的丈夫韋爾森從開朗到偏執，從健康到生病，一直努力不懈，本來是美國社會比較明亮的一角。但他被出賣，被誤導，最後成為悲劇的藤蔓，一直伸向故事之外的黑暗。梅朵的妹妹凱瑟琳是另一種悲劇。費茲傑羅對她的描述使人不安：「她的眼眉毛是拔掉又重畫過的，畫得彎彎的，可是原來的眉毛又再長回來，兩條弧線的交錯弄得她有點不清不楚的樣子。」（第二回）東施效顰，同樣是蓋茨璧的噩夢。喬丹就這樣形容他：「你瞧，他到底是一個沒有噱頭的老粗。」（第四回）全書裏寫基層美國人寫得最具感染力的一筆，是尼克把蓋茨璧和黛西留在自己家裏製造「重逢」之際偶然看到的：「一個女傭人在樓上把窗戶一個個打開，然後站在正中的大窗口有意無意地向底下花園吐了口痰。」（第五回）窮人的憤怒和無奈，盡在不言中。

小說裏有三個旁觀者。第一層是喬丹的袖手旁觀，她看穿了蓋茨璧的虛假身分，但沒做聲（除了對尼克），不因為她厚道，乃因為她不屑，她代表了睥睨周圍而自我感覺良好的驕傲眼睛。第二層的旁觀是尼克的冷眼旁觀，他漸漸認識了真正的蓋茨璧，但仍把他看作好朋友。他代表了終能擺脱糜爛繁華和階級身分的自由意志。第三層是「醫學博士艾柯爾堡」的眼睛廣告，它們象徵了上帝的審判。那説雙眼睛好像在説，這一切祂都看見了，且必定追究。

費茲傑羅的這部經典，並非浪得虛名的。如果只看電影，就委屈了他了——雖然我覺得電影實在也極度動人，不可不看。

8

與〈金鎖記〉匹敵的最佳短篇——讀張愛玲的〈留情〉

每次細讀張愛玲的〈留情〉，都有新的感動。〈留情〉較少人論及，今收在皇冠出版的《傾城之戀》短篇小說集內。集內有更膾炙人口的〈金鎖記〉、〈傾城之戀〉等名篇，〈留情〉自然少受注目。故事說的是一個三十多歲的寡婦和六十歲的男人的一段婚姻。

米晶堯，六十歲，與原配妻子分開了。他娶了風韻猶存的「美人」淳于敦鳳。這一段關係當中有不自覺的操控、卑微的欲求、謹慎的試探和相濡以沫的親愛，非常複雜。張愛玲把這段感情寫得極為精準細緻。你若問張愛玲作品中哪一篇是我的至愛，我會選這一篇。

不說別的，光說故事裏張愛玲把對現實的描寫偷偷轉化為意象的「內功」，就極為驚人。首段描述的是：「他們家十一月裏就生了火」，一個「就」字，輕巧地表達了米晶堯的富有，這不難明白。「炭起初是樹木，後來死了，現在，身子裏通過紅隱隱的火，又活過來。」以第二次燃燒暗喻米晶堯的第二次婚姻，則較少人注意到。

接下來的寥寥幾筆，張讓讀者明白了這段婚姻的性質。「結婚證書是有的」，「是有的」三字顯出證書所證不實。「配了框子掛在牆上」的煞有介事，說明了主人的心虛，「上角凸出了玫瑰翅膀的小天使，牽著泥金飄帶」表示雙方對幸福的追求，可惜「下面一灣淡青的水，浮著兩只五彩的鴨」。「五彩的鴨」刻薄又殘酷地指出二人根本就不是「鴛鴦」，而是扮演鴛鴦的「鴨」。

故事一開始就說米先生本要去看望病重的原配妻子，敦鳳口裏不說自己吃醋，卻刁難米先生。「你去呀」的口不對心，開始了一種有節制的操控。結果兩人一起出門，米先生去看老妻，敦鳳去看舅母。可惜舅母終究不是至親，她無非要顯示自己並非「無人無物無娘家」，讓丈夫和工人張媽看不起。

「她（敦鳳）挽了皮包網袋出門，他也跟了出來。她只當不看見，快步走到對街去，又怕他在後面氣喘吁吁追趕，她雖然和他生著氣，也不願使他露出老態，因此有意地揀有汽車經過的時候才過街……」張愛玲對這種計算了解之深，叫人瞠目結舌。因此我說這是一種有節制的操控。

然而敦鳳卻是極度自我中心的一個人。她買了糖炒栗子，帶到舅母家裏去吃，米先生叫她給舅母吃。她一口咬定舅母不吃零食。舅母一面同意，一面把舊報紙拉過來，蓋住她自己留下的栗子殼。舅母雖然世故，仍不慎漏嘴說今年的栗子特別不甜，敦鳳竟未發覺。敦鳳對米先生的感受同樣一概不理，一時說算命先生指米晶堯還有十二年陽壽，一時提到她已死的前夫，有意無意之間，顯出其驕縱的氣燄。她一方面要在舅母前揚威，一面要在米先生面前裝作灑脱。張愛玲看得透。

舅母的兒子，也就是敦鳳的表哥楊先生，是個終日在外流連的浪子；表嫂楊太太呢，則是個精神上的蕩婦。她洋派、口沒遮攔、終日與男人打交道。在家裏玩牌，不過是她的調情遊戲。米先生原也十分享受與她的「交情」，直到他開始與敦鳳交往。見面時，楊太太處處表現出米先生是自己「讓」給敦鳳的。在從未發生任何真愛情的三角關係中，敦鳳和楊太太的角力，為讀者帶來無盡的笑話和悲涼。

孤獨，是小說的主題。「現在，她和楊太太和米先生三個人坐在一間漸漸黑下去的房間裏，她又翻屍倒骨把她那一點不成形的三角戀愛的回憶重溫了一遍。她是勝利的。雖然算不得甚麼勝利，終究是勝利。」此處困住了三個女人——楊老太太守寡，楊太太守生寡，敦鳳則只贏得了沒有愛情和機心密佈的婚姻，三人同樣落在孤獨之中。

張愛玲對人物的名字很講究。「敦鳳」的「敦」字，有孤獨的意思；(如《詩經》中「敦彼獨宿」)。「米晶堯」的「米」暗示他乃長期飯票；至於「楊太太」的「楊」，正是「水性楊花」的「楊」。粗心大意地瀏覽故事，無法讀出張愛玲寫作時的用心。

作品中最重要的意象，是電話的響聲。「敦鳳獨自坐在房裏，驀地靜了下來。隔壁人家的電話鈴遠遠地在響，寂靜中，就像在耳邊：『噶兒鈴⋯⋯鈴！⋯⋯噶兒鈴⋯⋯鈴！』一遍又一遍，不知怎麼老是沒人接。就像有千言萬語要說說不出，焦急、懇求、迫切的戲劇。」難道這不是故事裏每一個人的呼聲嗎？

敦鳳離家時吩咐張媽不用做飯，以為舅母必請他們吃晚餐。但對方家道中落，變得計算，只請他們吃烤山芋。「我們也應該走了罷，吃也吃了，喝也喝了。」米先生這樣對敦鳳說。老夫少妻離開舅母的家，大街上沉默前行。閑閑的一句話，已經概括了模糊的一生。張愛玲借他的口說這話：人生在世一回，難道還能有更多要求嗎？張這樣描述他們腳下的路：「這沿街種著小洋梧桐，一樹的黃葉子，就像迎春花，正開的爛漫，一棵棵小黃樹映著墨灰的牆，格外的鮮艷。」——一切貌如春日，但畢竟仍是冬天。張說：「生在世上，沒有一樣感情不是千瘡百孔的」。事實如此，能不黯然？

三

青春，首富的零用

年輕作者有的是時間，最缺乏的也是時間。要他們騰出時間來寫作，幾乎等於從乞丐的碗裏搶飯了。

9

電車的響聲
——讀葉英傑的詩集《尋找最舒適的坐姿》

葉英傑，香港出生。曾獲第十九、二十、二十一、二十二及二十四屆青年文學獎，第十七屆理工文藝創作比賽，2002年度詩網詩獎，2000及2010年中文文學創作獎。著有詩集《只有名字的聖誕卡》（我們詩社，1999），《電話下的自由》（東岸書店，2002），《背景音樂》（悅讀空間，2008）及《尋找最舒適的坐姿》（石磬文化，2014）。有網誌在http://www.poetyip.com。作品散見《阡陌》、《香港文學》、《聲韻詩刊》、《中學生文藝月刊》、《大頭菜文藝月刊》、《秋螢》（已停刊）等。曾為「我們詩社」及「大學詩會」成員。

這是葉英傑出版的第四本詩集。如果用車輛來比喻英傑的詩，他的詩不是巴士，不是火車，也不是單車或摩托車。巴士太虛胖臃腫，火車太盛氣淩人，單車太單薄浪漫，摩托車太愛自我表演也太機會主義。英傑的詩是電車，緩慢穩定而不越軌，你想不到的時候自會發出清脆的響聲，然後停站或開出，載著些不怎麼趕時間的人。喜歡坐電車的人大概也喜歡各種各樣的運河，街道一樣的水在流，像周莊，像宏村，像阿姆斯特丹，也像威尼斯人把大海一小截一小截地切出來，切成的橫街窄巷。

英傑這像讀者多於作者。他無法不抽離自己，像一個他者那樣提問和回答。他的詩裏面有一種恆常的孤獨和寂寞。這是因為思考深度的突出，而非缺乏同伴。他是一部鏡頭移動閉路電視，老在跟蹤自己。他用他的詩努力地相信著自己的幸福，也要求他的讀者來幫助他確定。

詩集的名字叫做《尋找最舒適的坐姿》，説明他對座位很在意，一直感到它的存在，而且懷疑它、觸摸它、詢問它。〈家族紀歷〉似乎就是為了把個人記憶強化而寫的；不過，記憶還是不斷地崩潰和散失。一家人在街上走，熱得要吃雪糕，過年冷得無法集中精神玩紙牌，感官經驗是比較可靠的錨。其他的事，卻不免有一種瑣碎的朦朧，捉不牢、抓不住：「第二天早上，三舅 / 找到過去一些手風琴的 MP3 錄音 / 我們一起，聽著手風琴的樂聲 / 在我們的空氣間徘徊」。這個家庭典型、融洽、有親情，卻無法消滅詩人的觀察者身分。他説：「我坐得比較遠／隱隱約約只聽到斷續的餘音」。

幸福，在英傑的詩裏，要麼落在過去，要麼落在將來。〈在神戶遇上兩場婚禮〉裏面有一對新人在舉行西式婚禮，由神父祝福，另一對則由日本的「神情肅穆的巫女」領路，大家都在尋求幸福。但英傑認為無論是甚麼樣的祝福的儀式都跨不過平凡時日的洗擦。在歲月的那一頭，在花園裏打理花草的老夫婦也曾是婚禮的主角。如今，他們所演繹的幸福也許和當初的期許尚有距離。

英傑對自己的感情也頗為不信任，像一個人照鏡子硬要照出後面來，否則他就會質疑自己的立體。他寫詩，藉著細節來凝視個人的損失：「墓碑上鑲嵌的照片太模糊了／我不能確定／照片中的他／是不是我父親。⋯⋯我仍然記得那一次／他病情好轉／我扶著走路蹣跚的他購買年貨／我扶著的／並不像我父親。⋯⋯／我總會聽到家中大門打開又閉上／我知道父親下班回來了／但我自顧自溫習功課／沒有回過頭來／確定。／⋯⋯我小時候的每個假日／我們全家外出遊玩⋯⋯有人抱起倦極熟睡的我／讓我伏在肩頭上／抱我的人／或許／就是我父親。」這樣的詩，旨不在用文字重組記憶，而是在表達遺憾；但這也不同於流行文化所謂的「愛得太遲」，「愛得太遲」是一種可以避免的錯失，英傑的遺憾是再回頭也無法處理的真實人生。

其實他的詩基本上都帶著內疚和遺憾，似乎他大半生都在追求接納和肯定。詩人總無法找到安舒的坐姿。他在書中有三十四首詩，其中有十首(〈盆栽〉、〈三舅〉、〈推拿〉、〈循〉、〈跑馬〉、〈大埔吉之島的最後時光〉、〈酒店房間〉、〈缺憾〉、〈釀〉、〈結〉)裏面出現過「位置」這個名詞，共十三次之多。看來英傑對「位置」這回事相當敏感。家庭裏的位置、社會上的位置還是詩壇上的位置？大概都是。與「位置」悄悄地呼應著的是「假寐」。「假寐」看似不在乎，其實「假寐者」仍在聆聽，甚至在奮鬥——儘管他看來平靜。下面這首詩，是詩集中的精品：

我只會感到寬慰。
每次巴士到來時
我都可以預計
我在裏面能夠佔據的位置；
惟一不確定的是上層。
踏著小小的梯級，向上彎
一排排座位
多少頭佔據著？去證實
再退回來，或留在下層
那些倒頭的座位？

只能踮起腳尖坐著

座位下面隔著滾動的車輪。

坐到哪，都要調校冷氣出風口

太熱，又調過來。

我們都坐著，有更多人

站著，不時交換兩腿

有些人向窗外張望

有些人低頭，努力抓住手機發出的光

——〈循〉

同一程車，比上不足、比下有餘。「可以預計 / 我在裏面能夠佔據的位置 / 惟一不確定的是上層」。英傑心內的火，有心人總能看見。人的天性是往上流動——無論詩人說的是一個真實的巴士座位，還是社會地位，還是詩壇的位置：「踏著小小的梯級，向上彎」，爬不上又找不到「位置」的，就只好退回底層站著，交換著腿來用力，因為太累了。英傑寫詩，用的是「暗勁」，他內功深厚，卻不容易看得出來。

說英傑的詩盡是賦體是以偏概全。老實說，英傑的賦體只是個臉譜而已。真正的英傑與詩交手，已經比以前更有策略。他希望不大讀新詩的人（例如家人）讀得懂他的詩。他也希望常讀新詩的人（例如詩友）能夠發掘他隱蔽的「比興」寶藏。他也許更頑皮一點，打算讓那些不夠虛心或小心的讀者在閱讀的遊戲中大跌眼鏡。總而言之，英傑的詩愈寫愈好了。

10

灰小姐與紅豆湯圓
——讀游欣妮的詩集《紅豆湯圓》

游欣妮，喜歡寫作、手作、閱讀等。畢業於香港浸會大學中國語言文學系，現職中學教師。曾獲香港中文文學創作獎新詩組優異獎及大學文學獎新詩組優異獎等。著有《我摵時很煩》、《我摵時心太軟》、《摵時前傳——游樂園》、新詩集《紅豆湯圓》及小說集《我最「摵時」的故事》。其中《我摵時很煩》獲香港教育城第九屆「十本好讀 2011」第一名，《我摵時心太軟》獲香港教育城第十一屆「十本好讀 2013」第二名。

為甚麼寫游欣妮？欣妮以前是我的學生，現在是教師，還是新晉作家，已經出版了好幾本書，其中兩本還拿過獎。我寫她，因為她在極度忙碌的中學教師生涯裏竟又完成了一本詩集，在香港，此乃奇迹；更因為我有話希望跟想成為作家的年輕人說。很多人以為平凡而有規律的生活會「殺死」好作家，我卻絕不同意。且看欣妮自己怎樣說：

如果說，教學道路漫長，腳步綿密，甚至要經歷許多被消磨意志的時刻，我想，寫作的道路也一樣。歡喜有時、悲傷有時；熱鬧有時、孤獨有時。縱是如此，我願意深信成長仍會伸出那長長的手臂圈住我的肩膀，讓我這個愛寫作的「學生老師」，在愛與被愛裏持守信念，堅壯成長。哪怕天有多黑，所在的地方尚有淡淡昏黃的柔和的光緩緩盪開。

當想像到：如果今天我決定不再寫，他日回頭看時覺得不痛不癢，那麼其實絕對可以選擇放棄。只是當想到此，想到放棄原來只因敗在自己不夠堅持，仍會為自己的不堅持而搥胸頓足咬牙切齒……

生命裏有太多太多情感湧動，許多教人捨不得忘記的片斷逐點累積，拼湊成我的人生版圖。假使他日種種原因叫我失憶，我願以文字為記，重新撿拾、重新經歷觸動過我的畫面，逐點填補失落的記憶版塊。

——摘錄自欣妮寄給我的電郵，她把這段文字放在自己的簡介前面。

許多優秀的作家——例如天才橫溢的流行作家史提芬·金（Stephen King）和傑出的牧師詩人 R. S. 托馬斯（Ronald Stuart Thomas）——都非常嚴格地規管自己的生活秩序。這樣，他們才有充分的時間看書、思考和寫作。在香港，詩人更必須好好「打一份工」，才能持續出版。為甚麼？因為只有這樣，我們才能養活自己，才能從工作的各種處境中認識人性，才能洞悉人生的無奈、「埋身」地面向生活的萬千稜面。

欣妮大一時已來參加「大學詩會」，從不懶寫。這女孩溫厚善良，個子小小卻有極強的感性，喜歡不自覺地不停蒐集周圍的人生點滴，然後鉅細無遺地訴諸筆墨。習慣充分表達，使她的詩輕鬆易讀；習慣由衷感恩，使她的詩寬闊自由。出身基層的她從不抱怨生活艱苦。她歡喜時笑，傷感時也笑，是瞇著眼睛、唇線清晰的鄰家女孩，雖然聰穎卻糊塗烏龍，殺傷力是個負數，領袖的強悍指數也近乎零，似乎只宜集父母老師和朋友的寵愛於一身，像個公主那樣活著。但漸漸認識她，你會發現她做起事來細心周到，且總會考慮到最微小的可能，在你懂得自己需要甚麼之前，她已偷偷為你解決了問題，性格屬隱蔽式捨己服務型。這樣的女孩，還要生就一副甜美嗓子和無懈可擊的面孔，還有過軟的心腸，怎不被人欺負？聽說一次她帶學生去旅行，一位家長也參加了，她叫欣妮看管她的三歲小孩，說完就走開了，直到黃昏回程才來領回。我深信這樣的事會常常發生在欣妮身上。我打從心底為她擔憂。有時我甚至希望她能夠哭一場，甚至找個誰來罵兩句。這樣的話，也許我們（師長朋友父母和兩位妹妹）都會放心一點。我雖然覺得她做甚麼工作都會做得相當好，但她每每全情投入，體力透支難以避免。工作之外還寫作，實在太辛苦了，瘦弱的她未必適合走這條路；但她畢竟已經走上了，比起許多口裏嚷著一定會寫下去的同學，她的細水長流總使我眼前一亮。如今，她靜悄悄就要出版又一本書了。

大學畢業生裏，矢志成為作家者大有人在。「開步」走上此路，拿幾個小獎，偶然發表一下，其實一點不難。但誰有成功的機會？我會說，肯堅持的人才有。堅持下去的真的這麼少嗎？很少。我教創作課超過二十年，天才寫手年年都出現幾個，但年年都幾乎盡數流失。他們很快就「擱筆」了，小花蕾尚未打開，已經掉落，莫說結果了。攔阻他們的是甚麼呢？忙碌的工作、對事業成就的追求，永遠是最厚的、最高的牆。而寫作的心願脆弱如雞蛋。當上了中小學教師的，還能剩下甚麼時間來寫作呢？有些孩子覺得文字乃個人之長，於是出去找編輯的工作，結果天天對著文字，最後看見文字就想逃。我也介紹過學生到出版社工作，他們以之餬口，最後還是悶得逃了出來，才能繼續創作。當編輯的人若要成為偉大作家，必須能同時夠從不同角度看待文字，而這是十分困難的，許多成功的編輯，最後都成就了他人。我一方面希望學生有穩定的收入，以供養父母、建立家庭，一方面卻怕他們因此和文字失去了聯繫。也有同學選擇流離浪蕩地做兼工的，他們有時到學校教幾堂創作課，有時辦個講座拿點車馬費，有時接一本書回來設計排版換點錢，有時給電視台的朋友寫一個半個劇本，過著日夜顛倒的日子。有人以為這樣的生活最利於寫作，其實不然，這種生活只會常常帶來懷才不遇的被害情意結，一旦如此，寫作題材就必偏向頹廢苦毒，最後社會成了他們的敵人。但是，社會是作家最大的題材資源，作家又怎樣與「人」為敵呢？因此，畢業時對寫作大業信誓旦旦的孩子，不到兩年，就只剩下養妻活兒的心願和精力了。

我觀察了四年，看著欣妮畢業後到處找工作，她當過研究助理，又做過代課老師，很久之後才終於獲得一個教席。她在教學之餘竟仍能堅持創作，我佩服不已。這是非常值得其他年輕人借鏡的。她之所以依舊能寫，不因為教學工作輕省，而是她努力用功，不肯浪費點滴時光。她絕不是馬虎的老師，反之，她幾乎把整個人生都放在學生身上。她陪他們哭，陪他們笑，跟他們一起「留堂」，她的詩因此充滿了少年人可愛也可恨的面貌：正因為這種無私的愛，她的作品才得到強大富足的灌溉：

十四五歲的年青人
黑面等於打招呼
明目張膽「怒睥」你來表露心迹

空氣裏盡是細碎斷裂的咒語
最少有一半是詛咒或謾罵
……
就算我是納稅人
也必須聽像這樣的「人話」
「我唔嚟讀書你有糧出！」
……
第十堂也過去了
「摵時你以為我們不累嗎？」
鄰桌重重的咳嗽敲醒垂釣的腦袋
這一句遙遙呼應了誰呢？
「首尾呼應」換一場哄堂大笑
「罰佢抄啦！」

噗嗤一聲陶淵明換了濃妝杜甫粗眉大眼

——〈拼貼教室〉

如果沒有真實的教室經驗，這樣的詩無論如何寫不出來。但是，經過這種使人難堪的場面，生命總能結出堅實的果子。下面這個作品叫做"Passing Out"(〈結業禮〉)，説一個相當頑皮的男孩投考警察，訓練完畢，就邀請老師去參加他的結業禮。典禮上激動不已的欣妮老師無法不想起這小傢伙在學校裏的調皮模樣。

天空灰灰的好像還沒完全亮呢

小巴上許多臉孔在打盹

像從前你們印在自修室桌上的側臉

夢見乒乓球落在桌上「剔剔撻撻」

……

在炙熱的石階上等待

腰骨關節痠軟連屁股都發痛

我們都未曉得年老的骨骼但

年輕也有年輕的痛吧

那時幾個同學都説會考後投考警察

最後還是只得你搶先畢業
……
照片裏的笑容還是留了給發光的瞳孔
從前到現在「揻時揻時」聲聲入耳
今天該換我們叫你一聲
鄺sir

——"Passing Out"

身為中學老師的均可撫心自問，甚麼樣的師長會獲邀參加這樣隆重的典禮？這些作品都很感動我。但它們雖然得之於強烈的經驗和細緻的生活質感，仍失之於視野。下面這一首，卻能夠把微觀鏡下的細節提升成意象，「有機」地糅合了各種特殊的觀照，煉就一種穩定的價值。這首詩不說教，卻充滿一個教育工作者對教育大業的反省：

車子路旁是私家生曬場
菜乾工整地密鋪在鐵絲網上
拍一幀照片就成隔鄰小學的教材吧
加上鹹魚果皮便是一篇演活生命的散文
學生或許會問還有沒有其他更好的呢

蠔豉蝦乾是有的
在你很幸運的日子就會看見

輕軟的雲在移動
如果你仔細看它的話
凋謝過的枝椏長出新葉
青青綠綠間未成熟的果實在半空懸浮
鐵絲網外花期太短

菜乾湯裏塵土飛揚
輕輕攪拌
描寫的筆觸若隱若現
如果有蟲子蜷曲身體
便曉得它們經歷過
潮濕的日子

那些垂下的頭飛快書寫的筆
不曾發現果子長成前枯萎了的花
單薄的雲輕飄飄
繼續移動

生曬場的風景
繼續過自然乾的日子
墨魚本來就是泡在水裏的
誰又會為它的風乾撐傘

——〈風景〉

這首詩放在任何著名詩人的集子裏都不失禮。成長充滿疼痛，教育的過程懸掛著各種各樣的要求，生命到處是雜質，菜乾湯「有蟲子蜷曲身體」，而「那些垂下的頭飛快書寫的筆 / 不曾發現果子長成前枯萎了的花」。孩子的青春太短暫，太不自覺。然而，在晾曬的過程中，總得有人來做看似徒勞無功的事，減低烈日烤乾的苦：「墨魚本來就是泡在水裏的 / 誰又會為它的風乾撐傘」。這首詩在在顯出欣妮老師愛人的意志和思考的深度。

但思考的深度並沒有讓欣妮的詩變得難懂，難讀。新詩晦澀，幾乎被目為一種宿命，一種咒詛。但我相信那只是個別詩人的選擇。詩的解讀困難，其實與水平無關。部分詩人喜歡把作品寫成謎語，只不過要向讀者索取注意力。但這不是欣妮的風格。舉例說，年輕人最難開口表達的親情，一般都在一頓沉默晚飯的筷子調羹觸碰聲中滅頂，但在她筆尖卻源源不絕地向家人送暖。無論父親母親，爺爺或妹妹，都為她定時帶來感情的漲潮、詩歌的滿月。有時我不禁想，做欣妮的親人真不錯。

欣妮的詩集取名《紅豆湯圓》。在她寄給我的電郵裏，欣妮說：「紅豆湯圓甜甜的，也有聚散之意」。我覺得這名字實在好，可謂一語中的：

（一）

不用漠視半明半昧的天色
草草吞掉幾塊威化如
隧道口草草吞掉頭班火車吞掉車廂中
每一個爸爸
（別人的爸爸我那長有疼痛的小腿長期疼痛的肩膀的
　　爸爸）

（二）

不用匆匆下班還要鑽進濕街市
買一尾晚餐用的大眼雞
聽洗衣機滾動的節奏
用剛洗淨鮮魚腹腔的手
按電飯煲煤氣爐的按鈕

再按抽油煙機抽去一頭昏亂

（三）

不用在時間的縫隙追趕時間

擔心鞋子掉進列車與月台之間的空隙

車廂搖動右手

在看不見盡頭的

默書簿工作紙上點點畫畫

並丟失無數管快將枯乾的紅筆

（四）

不用下課後抓緊時間的尾巴到課餘功課輔導班

在亂七八糟的習作上擦了又改改了又擦

活蹦亂跳的咆哮

如孩子用故意擦出的擦紙膠碎搓揉成的小球

無處不在

（五）

不用跟歷屆試題糾纏廝磨

年輕的馬尾企圖擺脱

三三四在背後忽明忽滅的手
拉扯的力度與無法相愛的男女
一樣又愛又恨

2010 年 4 月 14 日
2010 年 9 月 15 日
——〈如果日子悠閒——給我們一家五口〉

這首詩以五個「不用」速寫各有各忙的生活——勞動者父親，主婦媽媽，半工讀的大妹妹，猶在公開試中掙扎的小妹妹和教書的自己。詩人正面表達了親人對假期和團聚的渴望，側面剪影出一個融洽家庭的凝聚力，背面則暗暗掂量著生活的忙碌與艱難。如此平凡的題材，卻因感情真摯、結構獨特和閱讀層面夠多，悄悄脫穎而出。「紅豆湯圓」不叫做「紅豆湯糰」是有原因的。欣妮特別用了香港百姓的詞彙「湯圓」而放棄「湯糰」是因為她知道，「團圓」的意思來自飽滿凝光的圓圓的月亮而非一個糯米粉糰。

勞動者父親是欣妮最重視的。她用了一整個作品來表達自己對父親養育之恩的感激。她父親是「肉檔小販」，因為職業比較特別，連欣妮當年的老師都無法分類：

數學堂的棒形圖讓我們笑著舉手
統計每一個爸爸的職業
在學生手冊上刻寫「肉檔小販」幾個小字的時候
老師沒有教導我
尋找和失去工作的意義
……

——〈尋找一個存放水杯的位置〉

對小女孩欣妮來說，老師沒把父親的職業列入各大類別中，是一次無心但深刻的傷害。這無疑在說自己的爸爸沒有一份正經的工作。作品的名字叫做〈尋找一個存放水杯的位置〉，「水杯」代表一個人在工作崗位上的「法定」地位，是一個絕佳意象。到底賣豬肉的父親算不算在工作呢？小朋友欣妮滿心疑惑，莫名地悲哀，直到她長大：

我訝異於多年後仍記住
豬肉堆中冒起一個水杯的畫面
閉上眼
生豬肉的氣味徐徐飄起
彷彿終於明白

課堂上高舉的手臂
原是用來摘一個
在大家眼中
屬於爸爸的位置

——〈尋找一個存放水杯的位置〉

欣妮的作品是充滿恩情的。有人認為恩情都是債，都是拖欠，而還債乃生命的終極動詞。幸好欣妮信的是基督，恩情與拖欠無關，因為要還的基督早還了，人家來還，欣妮就以之寫成一首詩，把再重的情懷都放到詩裏去，人生的虧欠或施贈，又怎能和愛比較呢？讀欣妮的詩，我們得到的又何止文學？

「古早的時陣，有一個灰小姐……」(〈你知道我正在為你寫詩嗎？〉)爺爺用鄉談講的《灰姑娘》故事，也許並不能完全套用在欣妮身上。她確有兩個妹妹，但她們愛她。她確須要幫忙做家務，還得上班，也許比灰姑娘睡得更少，但她追求的不是冷硬的水晶高跟鞋或感性的王子，而是薪火相傳的意義。她的前路未必平坦，但她將以柔嫩如赤足的真誠邁步前行。讀游欣妮的這本書吧，你會對新詩和教育工作者完全改觀。

11

陽光下一片孤獨的細節
——讀文於天的詩集《狼狽》

文於天，香港年輕作家、詩人。畢業於香港浸會大學中文系，現職中學教師，曾獲各大文學獎共三十餘項，2015 年獲第三屆李聖華現代詩公開組首獎，2014 年出版詩集《狼狽》。

文於天的世界是寧靜的，而他的耳朵靈敏；於天的天地是廣袤的，而他沒有近視。當香港的青少年呼喊舉手忙於否認自己的家國與民族，於天卻從故土——而非政權——找到了自己的根源。他的文字有一種半透明的魅力，像一串剛從樹上摘下來的荔枝，本身已經是一種強大的喜悅，一種對土壤的讚美，一種對雨水和陽光的有力見證，擇地而生的水果，其甘甜不能移植。他稱我為胡老師，我當然也很想說他的詩是我教出來的；然而事實並非如此，他到我班上來的時候，詩已經寫得很好，他的高水準和我的教學無關，我們之所以有關，皆因我倆都是瑞典詩人托馬斯·特朗斯特羅默的「粉絲」，而且我倆都和貓特別有感情。

我大部分詩友和我自己的詩藝，都要經過很長時間的磨練與調整。我們閱讀，我們思考，我們不斷寫作（於我而言，寫出的大部分是壞詩），我們參閱外國詩人的作品，我們甚至透過翻譯去品嘗世界級的詩歌……像於天這麼年輕，就寫得一手好中文，同時又能夠創作出有深度而且動人的詩，實在不多見。我們叫這種歌手做天才。李賀是天才，鍾偉民是天才，於天也一樣。於天也許和年輕時的偉民不盡相似，但他們的共同點，遠多於不同的地方——文字精準、想像力強大和感染力強都是例子。

於天可能是家族裏第一個受過高等教育的男孩。這個貧窮的家族也許想都沒想過他們的一支要孕育出一個詩人，而且是個出色的詩人：

祖父們年輕的幽靈
終於繞過最長的蒼白
讓我看見一部
抽象的家族史

一代人和另一代的人
都是文盲的後代
零零落落，在沒有旁白的故事裏落腳。
——〈家的形狀〉

但是，於天沒有因著自己的城市身分而迴避家族的歷史，反之，他「穿過舊屋遇見門檻上／年幼憂悒的父親」，而且對母親的鄉音念念不忘，視之如珍寶。當童年將盡的於天開始融入香港的繁華和驕傲，他「漸漸從舌頭上翻過去」(〈發音〉)，但未來的應許依然連結著他過去的根柢。我認為他之所以能詩，實有賴於他對個人歷史和廣袤后土的尊重。話說他在我班上的時候，交來的一個作業叫做〈後祭〉。他嘗試進入叔父的靈魂。這位死者參加了自己的葬禮，最後回到了自己的睡房：「門箸，扣掉的銅花／鏽蝕第一把鑰匙／門打開後就將永遠打開／關好自己與黑暗／與那些竊犯般的牙痕／私密　僅止於這樣一種／靜寂的狀況／讓聽見的鎖聲絕塵／在前面／或在偌大之櫃廣漠之牀／漂泊僅僅如是」(〈後祭〉)。我拿著作品，讀到最後兩句，無法不安靜下來，讓心裏的期待細細流出。我知道，這年輕人將要成為當代最好的詩人。

年輕詩人的內心世界總比外在世界要鮮明強烈。於天的感情是一片奇異的角膜，繁富的影像走得進去，抑鬱的少年卻走不出來。隔離的孤寂和受困的感覺是全本詩集一個重要的主題——「我與世界之間 / 隔著多少荒涼的田野 / 世界釀了多少年 / 才形成陽光下一片孤獨的細節？」(〈世紀末之光〉) 詩歌強調的是觀者與被觀世界中間的距離，甚至憐憫：「第一次餵過鳥後……每天偷偷把籠子打開 / 希望鳥有天會飛走」。可惜鳥沒有走，他自己卻走進了鳥籠：「我無法處理一個空籠子剩下的難題 / 它們愈來愈迫近自己 / 一厘米緊接著　一厘米」(〈鳥與籠子的難題〉)。疆界的存在不是困局出現的原因，反倒因為困局出現了，疆界才現形：「我或者 / 是一個皮箱 / 他方很遠 / 如果世界 / 沒有更遠的可能 / 繞過我就像 / 繞過很遠的 / 他方」。

這種窒息的感覺不完全來自個人的錯覺，社會的荒謬與內在的需要也對照出一個立體的法庭。在那裏，詩人發出自己的聲音企圖平衡世界墜向一頭的重量——雞蛋的辯駁是奇妙的。他向高牆宣戰的一刻，惟一的勝利可能來自蛋黃裏的真理，而他知道高牆之上還有上帝。純粹因為身為雞蛋而獲得的盲目支持，於天是不要的。於天選擇成為詩人，代價可能正是要做一隻雖然無助但有道理的雞蛋。他正在高速飛向一面霸道的高牆。身為教師，於天會向整個充滿龍父虎媽的社會挑戰。

龍蜥

我做了龍蜥
會噴火
……
我站在孤單的山上噴火
我吼叫
壓抑的動物就一一飛過大河

我做了龍蜥
他們的怪獸住在山上
他們去動物園上學
學歷史
學禮儀
夢想當醫生
當律師
使用儀器和公義

教育工作者的最大堡壘是良知。假如「公義」要淪落成與「儀器」同級的、被「使用」的東西，那麼教育還有甚麼意義呢？

在於天的心目中，凡事皆有「底線」：

底線

一件
眾說紛紜的事
是以後的大屠殺
還要留下一個活口
在明天長大
變成昨天的死者

政治並非於天要迴避的問題。他的立場是清晰的。〈我不守護——悼李旺陽〉一詩正好表達出他的信念：「歷史、景物和灰塵 / 漸漸在慢行之中給塗掉了 / 翅膀給翅掉 / 遠近和噪音也給塗掉了 / 撬走我的牙音 / 但我以殘破的極限給你形容 / 自由的真相 / 有時候我憤怒了就凝望 / 另一種風景 / 把信念緊緊捆綁在 / 頑固的窗前」。他不迴避良知的呼喚，他迴避的是對應這種呼喚的口號。在這個缺乏深度的時代，口號是討好的。於天追求的卻是從真相到藝術的這一段路——真相有兩個側面，一向著歷史回溯，另一向著心靈進發。藝術就是在重塑的現實裏的戲劇的波瀾、精金的鍛煉和成鑽的逼迫，因此我特別喜歡這首鏡頭靈動的得獎作品：

1911

那些歷史一致而工整的年代
史官們用衣襟
遮住天空上專制的太陽
時間掛著鐮刀
盛世事業正在裝殮
漫長的髮鞭
頭顱底下隱藏著深深的帝國黃昏
枯萎了一面龍旗幟
而腥羶　遍地
……
那些年，歷史雕刻著國的口音
青天染著無尾大夢
走進鐵路便穿行而過
穿行而過的身影帶著潮水聲
與沉鐘共進

計算靈魂的長度

用胸膛推高末日的泥土

站在血腥壁壘腳下

反複琢磨的監獄踏滿蹄印

子彈，銼過黑夜留下不滅的聲音

死亡用生命書寫了千年以外

後裔的仰望

讀於天的詩，只覺他能古能今，能大能小，細緻之處讓許多詩人汗顏，寬闊之處使不少名家失色。只有二十多歲的年輕教師，為何詩寫得這麼好？我估計他通過閱讀受到不少現、當代大師的感染。我知道他非常愛讀二○一一年諾貝爾文學獎得獎詩人托馬斯·特朗斯特羅默，受其影響甚深。下面的詩句，也實在會令我想起這位北歐的巨人：「在空曠的語言裏，我如一口沉錨 / 陷入那些緊湊的建築，穿行於夾縫 / 在一幅龐大的廣告街景上 / 只有孤獨的傘尖在炎陽中閃耀」(〈丁目〉)。除了他，於天的詩中也有里爾克(Rainer Maria Rilke)的影子。下面這一首，明顯脫胎自里爾克的名著〈豹〉，也回應著他的嘆息：「我坐在你背光的側影上 / 王者，我說。/ 我說王者在充滿破敗的美麗時光裏 / 遠遠看著第一根鐵條與最後一根鐵條之間 / 那片隱沒在人性之下的野地 / 想到灰泥，看到無知的小孩指著 / 龐然的自己在我的自私之下嫉妒之上 / 狠狠穿過去噬咬恐懼的心 / 穿過灰泥和野林 / 一掩起眼睛就又看見 / 不同的兩隻獸在表演寂寞的運命」(〈野獸〉)。此外，我估計於天也鍾情於顧城，他仰視顧城短暫但燦爛的生命，且為他的生命保留著的一點純潔和清心所感動。這首詩，我視之為與〈一代人〉的對話：

夜色

給你我的眼睛

你還可以拿走

我空的腹

我的眉頭、觀察和痛症

統統都拿去吧

你的武器堵住了

我想像不到的遺址

你養的人馬

都屬於巨大的耳鳴

一些你繞不過去的東西

例如沉默的後代

此刻正躺在孤獨的未來
黝黑的夜色
他們也觀看著黝黑的
夜色

我在浸大教學二十九年，遇過很多酷愛寫作的孩子。我和於天相識的時間不算長。但到目前為止，他是我歷屆畢業生中寫得最好的幾個年輕歌手之一。現在，很多大學生都喜歡寫詩，但其語文水平實在不濟。於天是個例外。浸大中文系設立了一個文學獎，獎金一萬元，每學年發給一至兩位同學（如果是兩位，獎金就平分）。這個獎叫做徐訏文學獎，學生可以用詩歌、散文或小說參賽。於天在學的三年，每年都拿到了徐訏文學獎。這在系裏若非後無來者，也堪稱前無古人了。能夠認識於天，是我的福氣。希望這只是於天的開始，而非結束。我衷心祝福這位才華橫溢的年輕中文老師不但能夠繼續寫出好的作品，也希望他能感染學生，帶領他們加入創作的行列。

12

殘酷，生命的本質——讀麥樹堅散文集《絢光細瀧》

麥樹堅，著有散文集《對話無多》、《目白》、《絢光細瀧》；小說集《未了》、合著小說《年代小說．記住香港》；少年小說《突圍長跑隊》、《雜魚又如何》；詩集《石沉舊海》等。曾任大學文學獎、青年文學獎、香港文學節等徵文比賽評審，於香港書展、圖書館、中學及大專院校主講文學創作講座。主要文學獎項包括第一屆新紀元全球華文青年文學獎散文組冠軍（2000），第一屆大學文學獎新詩組冠軍（2001），香港藝術發展獎——藝術新進獎（文學藝術）（2003）以及香港公共圖書館「香港中文文學獎」小說組冠軍（2012）等，現職於香港浸會大學語文中心。

等待一場夕立

〈琉璃珠〉一文是麥樹堅散文集《絢光細瀧》[1]的第一個作品，是二○一二年「香港中文文學創作獎」得優異獎的散文，文字清美，實驗性強，而且用情甚深，寫作時所花的心血非同小可。我經常當文學獎評判，少見如此傑出的參賽作品。這樣出眾、深刻的文章為何沒拿到冠軍？我未看過其他參賽作品，難以猜度；但一般來說，它無疑是首獎水平的傑作。此文長達四千字，未曾發表。樹堅的作品很多，而且都寫得好，拿它參賽，自經過一番考量。從內容和行文看，作者對它的重視似乎超過了對其他作品的喜愛。

〈琉璃珠〉結構複雜，由三根絲線精心編織而成。第一根是「琉璃珠」的製作過程，第二根是「她」，第三根是「我」。若非讀到最後，我們無法知道「我」去學燒琉璃珠，原因是要送「她」一個髮飾，因為她是他的「夕立」。「夕立」是甚麼？在日語裏，那是指「夏日傍晚的驟雨」。被酷熱生活煎熬了一整天的人，從這場雨得到心底渴求的清爽冰涼，故視之為恩典。整個作品強調人慘遭煎熬的苦況——「強光、酷熱、偪促，屢試不爽教我錯覺在荒山轟烈曝曬」，而作品的感情走向正是對「夕立」的渴慕和追求。現實中，「夕立」也是作者為一顆玻璃珠子起的名字。那是他親手做的，在玻璃工場的酷熱攻擊之下用火燒成的藝術品。藝術品，對樹堅來說，既美麗又殘酷。製作此珠子的目的，是要拿它送給這個夢寐以求的女孩子做髮飾。她就是他的「夕立」，「冰涼，洗滌」，使他有勇氣在人生可怕的高溫裏堅持追求夢想。如果沒有她，他這塊「不含水分仍要蒸發的石頭」就只能走向枯亡。

剛才說〈琉璃珠〉結構複雜，由三根絲線編織而成。要找出這三根絲線不難，但讀者要有耐性，也要細心。

先說第一根絲線。樹堅寫琉璃珠的製作過程時，刻意用了很強烈的說明方式，文筆冷硬得像金屬，為的是表達他的專注、認真和堅執，而這種態度意味著更強於純粹愛情的生死之愛。

第二條線溫柔多了。那就是有「她」出現的地方。每逢運筆至此，敍述的步伐就變得舒徐，感情也變得柔軟；樹堅的筆鋒一轉，改用抒情手法。她在他身邊，並沒有甚麼逛商場買名牌吃甜品等「交往」（日語）場面，她只是靜靜地坐著，站著，安然看他看過的書，有一搭沒一搭說話。寧靜的場景中，樹堅與她的交流是 intelligent 但含蓄的。我用了一個英語詞，是因為中文在此特定語境中無法寫得出我的感覺。

第三條線，就是寫作者自己的文字。這個「我」其實不怎麼「我」，因為他不斷引錄其他書本為自己的價值觀開路。讀到最後，我們發現這種晴天打傘的匿藏之筆，其實也用來反襯「她」的直接自然和冰雪聰明。相形之下，「我」有如「玻璃性格溫吞，經不起溫度瞬間升降。激射的碎片割破雙手事小，彈進眼睛就⋯⋯所以太陽鏡濾光之餘也護目。」二者比較，「她」實在太通透、太到點了。他戴起墨鏡，為的是保護自己。寫到最後，真相卻不容否認：「我經常問她問題，故意提及李維史陀、卡爾維諾、德梅斯特、赫拉巴爾、梅爾維爾⋯⋯又引經據典，炫我有限的學問，是為了有巨大的感覺，讓她找到我的恐龍觭角，而非口齒不清的懵懂小孩、飛行距離有限的小麻雀，作為小鳥餌食的蚱蜢⋯⋯」。在整個作品裏，這個「我」是沉溺於議論的我——他議論自己，議論人生，議論寫作、議論緣分、成敗、貧富以及成為大作家的可能，「我」廣徵博引，手上的許多論據，曖昧地不知要證明我的選擇（例如選擇做詩人）是對是錯，還是錯中有對、對中有錯，表達出面對「她」時作者的自我形象出現的許多高低起伏。從作品看，樹堅對失敗的敏感和認同傾向遠超乎想像。文章裏我們總看見「窗邊倒懸以失敗茶杯造的日式風鈴」、「不久前我們把魚鈎拋進吐露港，魚絲不是觸礁要剪掉，就是在水裏漂流」、「緣分的合理性可被質疑，語言有其極限，那到底甚麼可信又無涯？」、「很多事情都需用心冶煉，能否晶瑩剔透、造型理想卻未可盡如人意」等語⋯⋯凡此種種，都產生閱讀的張力。讀者忍不住問：他會放棄嗎？

出人意表地，作者的結論卻是「相信意象可以鑄造。花點想像力，一顆琉璃珠就是一個意象，記載心情、故事、想法，耐人自會尋味。雖然⋯⋯半失敗作品的外型像田螺，但它依然是我心中的『夕立』。」樹堅知道，愛情從來不是勻稱的，也不可能是一個均平的局面。在積極爭取與隨遇而安之間，感情主導了一切。他義無反顧地在酷暑的煎熬（現實生活）中創造或追求「夕立」的清涼送給她，即使得著「夕立」的過程等同直往火裏鑽。這一場汗流浹背的自我對焦，最後在一顆琉璃珠上成就了，它成了她的髮辮上輕輕地彈跳的小水滴，一場清涼的雨。

別挪去我的燈罩

「夕立」是一紙情書，對象是女朋友，〈燈罩〉則是寫父親的。〈燈罩〉首次發表於《明報·明藝》第八十七期，與本港旅法著名散文家黎翠華的作品〈我的燈罩〉遙相呼應 。兩篇文章的內容全無關係，但樹堅似乎深為後者的意象所感動，並用之觀察、描述自己的父親。黎翠華寫的是男女分手的「悲劇」（其實那反是她人生的開始），樹堅要說的卻是同行的人必須付出的代價。

黎翠華這篇散文只有幾百字，寫此文時她不過二十前後，可謂青春無限，人生尚在可以揮霍的階段；因此，為了保存自己的「燈罩」，她有空間選擇分手：「此刻站在店前，我忽然覺得自己的固執是應該的，就像每一個燈罩都有它們自己的形狀，有它們的圖案和顏色。」燈和燈罩必須配合，人也必須表裏一致，也就是精神和生活的合一，才感到幸福、圓滿。人的性情有異，多元世界因此才顯得美麗：「我在一間燈飾店前停下，裏面有許許多多小巧美麗的燈罩，各種不同的顏色和形狀，隨意的排列，有些亮了，有些暗著，纍纍的燈罩看似蟄伏在水底的一羣七彩貝類。有幾串水晶燈靈巧地自天花板垂吊下來，以蒲柳的姿態在風中輕輕旋轉，使陰暗的店鋪裏閃著一種奇異的光彩。」在這段文字裏，我們看見黎翠華樂於接受人的不同，以享受生命的華麗。行文中的「許許多多」、「各種不同」、「隨意」、「有些」等語，把她的嚮往表露無遺。這是一篇難得的佳作，也是我介紹給樹堅用作教材的。沒想到，此文對他影響甚深。

樹堅的看法卻是真的悲觀。他採用了黎翠華燈罩的意象，在承認「每一個燈罩都有它們自己的形狀，有它們的圖案和顏色」之餘，戚戚然描述當一個人為勢所逼褪下自己的燈罩之時，生命會變得多麼暴露、多麼困迫和痛苦。燈罩是燈和眼睛中間的緩衝，一旦給奪走了，燈就失去了安全感，失去平衡的性情：「父親站上矮凳，把客廳吊燈的球狀燈罩小心翼翼拆下來，用手指拭去上半球的灰塵。我抬頭盯住赤裸的燈泡，它突然放肆，像顆不屬人間的果核……」因此，父親帶著小小的樹堅往玻璃工場跑，企圖滿足家室的要求：他希望把燈罩切割成小一點但仍可用的罩子（至少保留一半），讓它不至完全消失。但是，這要求實在太高了，玻璃師傅不肯動手；這樣的話，沉重的玻璃罩就會破裂。如果燈罩隱喻性情（包括一個人夢想中的人生），那麼難以切割的燈罩就意味著無法妥協的處境，人只剩下徹底投降的餘地了。往事發展至此，樹堅筆下的記憶，竟忽然出現了「結局一」和「結局二」兩個選擇。結局二和黎翠華的方法是類似的：「忽然覺得自己的固執是應該的」，即「堅持做自己」；結局一則是必須面對的現實，是給奪取了燈罩的燈泡，是變得平凡庸俗喧囂且失去夢想的人生。但惟獨如此，這沉重的燈罩才不至於百上加斤、岌岌可危，以致「不利幼兒」——那時，樹堅的妹妹剛出生。換句話説，一個年輕父親為了妻兒，為了愛，有時只能選擇平庸的一生，也就是胡鬧無聊、用悲涼為樁柱的又一套肥皂劇《香港八三》。這個作品，包含著樹堅對父親的內疚和感激，也包含著自己和命運的掙扎。結局一和結局二，都必須有所犧牲；兩全其美，是童話才能提供的答案。

文章寫得最動人的地方，是父親面臨選擇的一刻。「那時候，父親三十三歲，體格健壯，人生不似有甚麼忌憚。住大帽山山腳的老圍村時，他與志同道合的村民自製健身設施，晚飯後勤練舉重、引體上升。年輕而強壯的父親，竟在店前猶豫不決，揣摩著要不要進去。他一時叫我站在門外等，一時又叮囑我跟在後頭。」正要登上人生高峯的時候，兩個幼孩拉住了自己的左右手——這份牽掛容許登山的人在山巔迎風而立嗎？還是必須留在山下，進入上班加班進修再上班的惡性循環呢？樹堅寫作這篇文章之時，父親已在耳順之年，面臨選擇的，輪到他自己了——如此說，這篇散文是一句深刻的「養子方知父母恩」。比諸黎翠華的活潑自由，樹堅的躊躇無奈更感動我。三十年後風雨同路，樹堅和他的父親忽然在我眼前重疊了。

請還我燈罩，讓我放幾個橙

〈燈罩〉固然寫得出色，但最讓我哭笑不得、深為故事中的處境激動的作品竟然是規模較小的〈橙〉。此文寫樹堅的父親退休之後的身分危機。六十多歲退休，雖說可以享受子女的供養，有很多玩樂的空間，但由老闆信賴的重要員工、不可或缺的團隊領袖、一家依靠的經濟支柱忽然變成了狹窄家居中的「閒人」，一天到晚不知自己失落了甚麼卻又必須到處去尋找，不難受才怪。

為了解決這個問題，父親不期然選擇了為家人買橙的工作。橙是健康的象徵，而怎樣在橙的平貴和品質之間取得最好的平衡，如今成了父親至為重要的工作。故事一開始就向讀者滲出不容易察覺的透明藍調。父親大概在想，他要用最便宜的價錢買最好的橙，好讓家人得到充分的維他命C、提升他們的免疫力：「他這樣解釋：店員準時八點從雪櫃取出新橙，那時候才能捷足先登挑得靚橙。他所謂的靚橙，有時買六個，有時十個，也試過買二十個，視乎超市提供怎樣的優惠」，「買橙，一定要守候超市開門，只要捲閘一動，就得搶先彎身入內，搶一個購物籃，將新拆箱猶冷的橙搶放籃裏。說時父親示範怎樣將購物籃掛在臂彎最專業，且強調搶橙全憑瞬間直覺，把看得上眼的掃進籃裏，然後踱往一旁精挑細選」。這是一次因無奈而作出的妥協，一個以付出來成就的「有用的」我，一種因為無法不旋離核心而衍生的落寞，一段雖在預期之中可仍難以逃避的英雄更年期。家人看在眼裏，卻愛莫能助；痛惜，但說不出安慰之言。為了他的感受，家人惟有不斷地吃橙和拿那些堆積如山的橙去送禮：「本來父親只會星期六買橙，後來星期日也去買，一度囤積了三十幾個橙在家，結果我借花敬佛拿十個去拜訪岳母」。但無論他們怎樣做，都趕不上父親買橙的速度。

港人家居一般狹小，樹堅筆下的家，極有代表性：「我們三代同住，居所空間日益緊絀，必需品、日用品都要控制在最小數量。妻子沒有立鏡、梳妝台，我沒有書架、工作桌，女兒沒有網牀、學步車……父親也沒有空間栽花、養魚。吃晚飯時，總有人要佯裝想看電視、捧著飯碗到沙發那邊吃；又或宣稱不餓，待會才坐下來吃。我們心存感激只心照不宣，互讓互諒的一起生活，接受對方某些無傷大雅的喜好或習慣，譬如在狹小的浴室擺放一支個人專用護髮素，擁有兩個玩具箱，收藏一架半年才踏一次的摺疊單車——相比之下，喜歡買橙完全不成問題。」但如果買的是一大堆橙，這些小圓球日積月累地輸入，問題就來了，更何況白天多了一個「閒」人呢？但這個人正是用一生來建立這個家的父親啊！他的重要誰可比擬？然而大半天無所事事的父親卻沒有這種信心。

樹堅對父親的愛，讓他看見了父親心裏毫無道理的不安。這正是退休老人因角色的溶解而恐慌的表現。於是，當一整家人用盡方法都無法消滅那些橙的時候，父親就只能持續把那些快將壞死的橙一個一個地吞到肚子裏，以免在自覺無用之際更為浪費而內疚。可見，當一家人都「聞（『聞』字也真夠意思，可以解做嗅或聽）橙色變」，父親這位橙的提供者自然就和家庭產生了距離。看在溫柔的妻子和孝順的兒女眼中，這個因著愛也因著罪咎感不斷吃橙的男人所發出的汁液溶溶的聲音，怎不使人傷心？

樹堅的散文常有出人意表的結局。他自己當上了父親之後，對父親愈來愈了解，對他的感情和感激也日益增加，但對於他買橙的病態，卻產生了莫名的害怕。不過，救星及時出現了：「女兒未滿周歲已跌跌撞撞的步行，又懂得以手指物表示愛好。父親經常説孫女舉起雙手就是要他抱，其實女兒喜歡爺爺抱住她隨意拿東西當玩具。逗貓用有毛球的塑膠棒、墊煲用的藤墊，甚至橡皮圈、快餐店的外賣餐具……父親都由得她拿來揮舞。除非我不在場，否則必會正言厲色，一手奪去女兒握得緊緊的玩意——即使父親抱著她，我們面面相覷。在女兒心中，我是個蠻不講理、濫用權力、按自己喜好行事的父親，我卻相信自己的原則。」這段文字用一個三代同堂的場面巧妙地完成了家庭成員角色的變換。樹堅走進周歲女兒的心去理解自己，同時亦因此明白了父親的「固執」。到女兒拿起橙來當玩具一個一個地往地板摔，父親流露出無限包容的爺爺之溺愛，樹堅釋然了。他經歷過的父親的嚴厲，從此也得到了充分的抒解；而父親也通過了退休這場難度甚高的考試，重拾歡愉的人生了。

樹堅的散文並不容易讀，但絕對值得我們用心細讀。在容易和值得之間，我並沒有選擇的困難，你呢？誠意向你推薦香港最敢寫「埋身」散文且寫得最有感情的散文家。他就是麥樹堅。

四

信仰，奔流的水桌

「人若喝我所賜的水就永遠不渴。我所賜的水要在他裏頭成為泉源，直湧到永生。」（約四14）

13

不惑之年的疑問與答案
——讀陳德錦的詩集《疑問》

陳德錦，廣東新會人，生於澳門。浸會學院中文系畢業（1978～1982），新亞研究所文學碩士（1985）、香港大學哲學碩士（1995）及香港浸會大學哲學博士（2002）。曾發起組織香港青年作者協會（1982），曾任該會會刊《香港文藝》主編及該會主席（1984～1985）。曾任職中學教師、出版社編輯、嶺南學院（今嶺南大學）中文系講師、助理教授（1989～2010）等職。近年兼事教職及寫作。

曾獲文學獎（部分）：第三屆香港中文文學雙年獎（1995）散文組首獎、第八屆香港中文文學雙年獎（2005）新詩組推薦獎、第九屆香港中文文學雙年獎（2007）小說組推薦獎。第六屆全國微型小說（小小說）評選（2008）二等獎、第五屆全國偵探推理小說大賽（2011）入圍獎。第九屆澳門文學獎（2011）散文組首獎。著有詩集《書架傳奇》（1983）、《如果時間可以》（1992）、《秋橘》（1995）及《疑問》（2004）等四種，散文集《登山集》（1986）、

《愛島的人》(1994)、《一枕酣眠》(1999)及《身外物》(2004)等四種,小説集《夢想的開信刀》(1996)及《盛開的桃金孃》(2006)等二種及文學評論《文學散步》(1993)、《李廣田散文論》(1996)、《邊緣回歸》(1997)、《文學面面觀》(2003)、《中國現代鄉土散文史論》(2004)、《宏觀散文》(2008)及《情之理 意之象》(2008)《易悟寫作法》(2016)等八種。

微細的秋光

今年暑假讀了些書,包括陳德錦的詩集《疑問》。我很喜歡這本書,幾乎在每首詩裏都看得見立體而親切的德錦在沉思,在走路。這些作品簡淡收斂,但遒韌有力;不急於表現,卻處處帶來驚喜,可謂含蓄深摯、大巧若拙,細心閱讀的話,你會發覺這些詩的每一句都天外有天,可以從許多層次切入理解。那種繁富和深刻,使我感動。

秋天是這本詩集背後淡淡的底色。年過四十的德錦,安靜、成熟、溫柔,對一切不存天真的幻想,卻流露寬廣的悲憫。我不用「重要意象」來形容這種秋的感覺,而用「底色」,是因為這種情調均勻地滲透於全書的文字,或為語調,或為節奏,或為選詞用語,或為見地哲思,不一定以意象的方式表達。秋所象徵的清澈和鎮靜,使德錦的詩散發出一種奇異的吸引力:

……牆與牆之間
有一種微細的秋光如塵落下
靜止一樣的動作，落下
然後輕輕揚起，最後落下
在每一對本來沉重的肩膀上

——〈處暑〉

詩集的第三卷〈節氣〉，收錄較短的詩歌十二首，壓卷之作就名為〈立秋〉。中年人面對人生一次又一次的失望(「金燦燦的你迎上去，卻看不到 / 熟稔的樹木掛著淺紅的果實」)，面對許多虛假承諾或虛假答案(「四周是樹木朽壞的氣息，彷彿 / 香料在焚燒；季候風在樹邊 / 吹拂你……」)，詩人的秋天本該充滿不安和不肯定，但最末兩句，卻讀得出他的堅持。畢竟，他信任最終的評分者：

你再認不出離開時的路徑
黑夜會迎接你，刪剪你的背影

人在時間的大流中極其渺小，對此，德錦非常敏銳，他因過早窺見生命脆弱的本質而深深感到獨行的寂寞。也因為這種孤獨，他的感悟才得以沉澱成智慧：「醉的是你，清醒是你的靈魂」（〈馬勒〉）。德錦安然進入初暮的擁抱和安慰，選擇讀書、思索、寫作，在「滑入永恆的夜」這無法規避的過程中，他把目光從清晰的人情世態移向尚未看得清楚的天空，以最有尊嚴的方式與漸漸衰退的自己和好：

如果世界在旋轉中已走到黃昏
我們不過是落在它時間的磨坊中
慢慢被磨碎，被掉進黑夜的秕粒
而這一家，那一户，暖烘烘的燈火
終會變成四壁洞黑的暗室

不知是否能夠這樣安靜地
滑入永恆的夜裏。黃昏六點鐘
我把尚餘的體溫，氣息，期待
帶回寒氣潛流的寂寞的書房

——〈霜降前的一個黃昏〉

人怎能豁達如此？

如果要用幾個鑰詞打開閱讀《疑問》的寶藏，我會同意他的選擇：先言「寬闊」，繼言「主題」，建立了這個基調，再言「變奏」。「寬闊」不是指那種誇談家國、民族或文化承傳的僞偉大，也不是指否定真實內心掙扎的假瀟灑，乃指洞察、承認和接納人性的種種不逮，用信心投靠那正直客體的「愚拙」智慧。人生是由許多微末細節構成的，它們「互相效力」地彼此連接、彼此描述、彼此補充、彼此造就。在〈冬的變奏〉和〈後記〉中，詩人兩度提出「寬闊無邊的主題」〈後記〉和「奇異的變奏」之說，非常有意思，在我看來，所謂變奏與主題，正是衆多的生活泉眼源源印證的深層水桌。在幻變不定的世情中，只有立足點的穩定與清晰，還有對這個「主題」的信任和託付，才能造就《疑問》的自由與富足：

看吧，這裏已撤去重重鐵網
欄杆外四面八方任飛翔
為何我們偏偏極目而悲
為生的煩擾，宇宙的荒涼？

——〈與兒子同登百鳥居·塔頂望山〉

憑信心離開樊籠，飛越大海，信任那未見之地，活著才有意思：「歸去吧，盛一片風雲於衣袋 / 讓濤聲把我們的羽翼掩蓋」(〈與兒子同登百鳥居·塔頂望山〉)。「因為／秋天沒有冗長的政綱／雖然沉默，卻早已答應種籽／明年金黃的收穫」(〈落葉向秋天投了票〉)，所謂「奇異的變奏」，奏出的一切樂章，都「依靠」某個恆常的本體來成就。

冷眼與激情

德錦的作品非常耐讀。他的深度與神采，不是淺薄、沒有耐性的讀者可以看得見的。讀德錦的詩，須要安靜下來，一讀再讀，才能充分享受他的才華和他風格的幅度。他寫作時可以很抽離，筆鋒冷冰冰的有如幕後監聽者的耳朵；也可以很投入、很抒情，行文浪漫得像個熱戀中的少年人。前者充滿哲人的巧思，我們且看〈觀景電梯〉中那「觀察者」，如何反過來被觀察出許多的無知與無奈：

像一種冷血的爬行動物
懸在半空，慢慢
升起，靜候
最美麗的一格風景
而人生的風景啊是不是
懸於一條失靈的鋼纜

這樣不上不下地吊著
沒有按鈕會接通天國
甚至沒有一具發聲機器
告訴你這部電梯
正在上行，或在下墜

事實上，人人都是命運的乘客，是這頭「冷血動物」肚子裏的苦主，給「失靈的鋼纜」「懸在半空」，終年或上或下，卻自以為可以看見「最美麗的一格風景」，但原來升降機的設計根本就不可能「接通天國」，我們的手緊緊握住的也不過一些「滑不溜手」的東西，隨著命運升沉。整個意象幾近完美，語言卻平易近人。這一類詩，正是上文所說的抽離、冷靜之作。

但翻不了幾頁，我們就讀到了另一個德錦，那個感情豐富、語調動人，用戲劇的語言踹踏著深情和濫情的邊界、沿著崖邊險路用輕功疾走的德錦：

回去，回到那不容許輕易擺脱的世界
原諒我，原諒我還獨坐一角
吟哦自造的警句，爭辯詩歌的公義
……

錯過了一個學步小孩驚喜的一瞬
不能以詩換酒，醉一個夏日
不能以詩作燈，安慰暮夜的獨行人
原諒我，我本是你們的一類
不安於顛簸，當車子在終點停下
不知道憂愁來自何方

——〈乘車〉

這樣的詩最不容易寫，因為節奏、速度都要掌握得很好，否則必定流於散文化，變得虛甜淺薄。我佩服德錦對語調和內容拿捏得如此精準：輕輕重復的短語，細細起伏的節奏，暗暗呼應的寬對，使這首詩蕩漾著單純而美麗的激情——對周圍的人，對生活，對詩和自己。因此我說，德錦的詩可動可靜，有時像鋒利的金屬在寒夜裏發光，有時像溫暖的太陽在冬天的草原上睡懶覺，使人目不暇給。

變奏不變的地方

德錦的多變建基於一種奇特的歸屬感。歸屬於生活，歸屬於最裏面最深層的那個自己。沒有那真實的我，沒有那個「故鄉」，德錦大概寧願沒有詩。為了表達這種心情，德錦的詩雖然有時會變得風趣幽默，但那輕快的遊戲調子，還是用厚實的心情認真地演奏出來的。下面的作品就很有趣。他似乎不大喜歡香港某些作家一味地追求西洋的文學模式，厭惡一看見文學時裝就爭相仿效的人，因此連吃橙的時候，都不忘跟文壇朋友說說笑：

纍纍和團團的金黃，卻重重打上
一個歐化的名字，還貼上了商標
據說香港不能出產清甜的橘子
嘉道理農場充斥著酸澀的實驗品
吃多了，這些超市中買來的
照例盛產於加利福尼亞的鮮橙
就成為本地流行的味道
……
散入千家和萬户，劃一的品味
……
電視廣告不斷變換吃橙的方法
既可一口咬定，嘴縫濺出一串水珠
也可爽快引刀，把厚肉一開為四
呼朋喚友，一起分甘……

——〈吃橙〉

這段文字充滿諷刺意味，讀之使人莞爾。「電視廣告不斷變換吃橙的方法」暗示無論怎樣吃，橙還是那種橙，暗斥現代人缺乏個人風格的現象。「既可一口咬定，嘴縫濺出一串水珠」把人喜歡指指點點、唾沫四濺的模樣寫得很生動，「把厚肉一開為四／呼朋喚友，一起分甘……」這些詩句馬上讓讀者想到社會上許多聯羣結黨、排斥異己的壞風氣（看看校園的欺凌事件就知道了）。作品的末段，德錦提供了另一種選擇——這也就是他個人特立獨行的原因：

唉，我打開了冰箱，一堆金果依舊照眼
吃多了，就有另一種口渴
想起久未品嘗的故鄉橙
聽說有深黃的曬得透紅的膚色
懸於疏枝，匿於綠葉，雨後更顯嬌艷
真願能親自採摘，剝皮，去核
把芬芳緩緩送入口裏，在唇齒之間
釀造一場最甜蜜的水災

「故鄉橙」指的大概是真正萌生自本地的創作，這些創作成熟（「深黃的曬得透紅的膚色」）而芬芳，但不故意招人注意、找人認同，因此「懸於疏枝，匿於綠葉」，經得起風雨的考驗（「雨後更顯嬌艷」）。德錦明顯不願意活在任何文學「一番」的領導陰影下，反對惟我獨尊的、追趕流行模式的、失去自我的「創作」手法，因此也寫出了有趣的〈從印度餐館出來〉：

……我們不會介意
紅茶不是來自錫蘭的土壤，也不會爭辯
檸檬淡淡的芳香，有一個怎樣的身世
因為我們只想隨便換一個吃法
用筷子品嘗咖喱，同時歡迎
沿街擺龍門陣據説道地的葡國燒烤
和家家自稱正宗的龜苓膏

強調口味的開闊，是德錦用詩來表達的詩觀。人到中年，該寫怎樣的詩呢？我和德錦一樣，常常以此自問。我的答案是：四十歲以後，我們都該有充分的能力寫一些真正代表自己的作品。到了這種年紀，難道還要花時間去討好別人嗎？在創作上，德錦漸已進入深層的默觀，接上了活水的源頭；他不再被文字吸引、蠱惑、捆綁，卻要把它們的好處誘導出來，與它們和平共處，彼此忘記也彼此承載：

啊，語言不就是這樣淬鍊而成嗎？
它堅硬如石，卻要你把心靈躺臥於
生活青蔥的草地上，把它承載，高舉
他的力量內聚，才可感動另一個靈魂

把生活的苦艾飲盡，它人間的醇冽
像千噚的熱雪淹蓋你，使你能夠辨別
參差微細的感受，甚至忘記了書寫
文字自得，陶然暢泳於符號的世界

——〈詩學〉

為此，生活的五餅二魚遺下的瑣屑，德錦都細意收集，放在心靈的籮筐裏，分配給願意細啖的讀者，讓他們都吃飽。像一個小小的神蹟，德錦的創作總是在增長，因為他的生活滋味也總是在形成、在堆疊。〈同小裕到影樓照相〉記述年輕父親的憂慮和負擔，〈乘車〉描述詩人友善而深刻的孤獨感，〈雨夜關窗〉暗示偏安的內疚，〈世紀初的森林〉記載上一代移民來港扎根的中國人，全都是從這個城市的角落撿拾而來的珍貴感受。

更大的思慮

人若專注於詩，最後就只能無詩，歷來如此。只有真正活在世上，能愛能恨、會笑會哭，因同情而感人所未感、因關懷而察人所不察，又碰巧喜歡寫詩的人，最後才能成為真正的詩人：

內心一束弦線
給人間的哀樂撥動
我們早已醒過來
在滿地霜露的深秋

——〈寒露後二日〉

德錦正是這樣的優秀詩人。〈雨夜窗前〉從酣睡的兒子寫到窗外雨中的路人，自省深入，無奈之情也深刻，德錦寫出了人與人之間的強大連結，把不同生命的共有感情緊密地寄放在一個小小的處境裏，完全不用任何事件或情節，就把感恩的心靈和祝福、憐憫的情懷完全表達：

想起過去的日子，聽風聽雨
像荒野中一個老人在咳嗽
強忍的口沫終於噴濺到玻璃上

我輕輕打開牀邊一扇窗
看電光銀蛇亂舞，一幕奇幻的鐳射
彷彿要宣佈世界不再真實
鄰居的窗户依舊打開
俯視一個急步跑過的人
全身濕透，用手遮頭
像一個害怕老師苛責的孩子
此刻，我多麼幸運
站在風雨之外

從個人的困境中掙扎出來，上岸了，卻又回頭重新扎進水裏(「我輕輕打開牀邊一扇窗」)，人生經歷送給德錦的禮物是能夠愛別人的成熟，而非脱身的僥倖，更真實的是仁者的內疚：

不知是否擁有酣睡的權利
在關窗之前或天亮以後，多麼希望
這不是義務，叫我掙扎於深海
叫思想永遠擱淺於荒廢的泥淖上

無能為力的不安，使個人的幸福顯得不仁。德錦的心靈無法脫離這種更大的思慮。他了解心靈中的美善和腐朽、意志上的良願與惡欲。人心歷來就是擺脫不了竟日騰升的欲念：「它不斷地等候沉魚落雁的世界」(〈貓〉)。德錦從來不扮演清純的天使，他隨時準備好面對人的罪愆：

有一種偷襲的欲望在內心形成
卻悄悄地溜到樹下，搔搔脖上的短毛

「痕癢」卻「遠離」，德錦筆下的貓並非「無欲」，卻是「不求」。這首詩的文字和信息都呈獻一種驚人的節制，令人不禁想到他呼喚的對象到底是誰：「叫了一聲，不像在呼喚自己的同伴」——細讀這個作品，我們不得不從另一個角度思考德錦心頭那種更大的力量是甚麼。也許有了這種穩妥與安全，詩才能夠出現、「燃燒」、「流動」，成為一座「青綠」的地標：

……我不想把你看作象徵
你比一切符號更實在
你本來就是與大地相連，正如
玫瑰的刺與玫瑰不能分離
……

你不會縮成一塊翡翠

在案上承托虛弱的筆桿，因為

你不是作為象徵而存在

沒有一種想像可以抵受

你的熾熱，你將會流動，溶化

你是一團不斷燃燒的，綠色的火燄

——〈山的變奏〉

這是詩集裏最重要的作品之一。德錦把個人的生命觀、價值觀、詩觀都熔鑄其中了。「與大地相連」正是山之為山的基礎。在拙樸的「山」和美艷的「翡翠」之間，德錦的選擇是再明顯不過的：「要我出賣『現實』，典當『乾硬』，來換『溫柔』和『詩意』，我是寧願緘默不言了。」身為他的讀者，既登峯而極目，亦下山而聞歌，又怎會回頭到俗艷的金鋪去購買那一片小於童掌的翡翠？從「疑問」向答案出發那一刻開始，答案的軌迹就形成了。願你也來細讀德錦的詩集。

14

路雅的路
——讀路雅的信仰詩

路雅，原名龐繼民，1947年生於中國，現為印刷公司董事。歷任《詩雙月列》、《詩網絡》編委。曾獲《時代青年》徵詩比賽亞軍。著有詩集《活》、《時間的見證》及《生之禁錮》。

從2003年開始，路雅曾策劃多個大型的詩畫籌款活動，計有2003年的「活」、2007年的「融」、同年九月的「源」、2008年的「旦」及2009年的「岸」，每次均動員數十位詩人、畫家或雕塑家，於推廣本土文化、支持公益事業不遺餘力。

近作《秘笈》於2008年第二十屆香港印製大獎獲得金獎。

路雅是個怎樣的人？可以透露一點點：我們幾個好朋友（羈魂、淑玲、福基、偉明、溫明、美筠等）都叫他「華仔」。「華仔」眼睛大，嘴巴大，牙齒大，手掌也很大，雖然快要退休了，説起話來完全是年輕小伙子的活潑搞笑。若非臉頰有點瘦，他一定是（或一度是）俊男一名。他一看見我們，會好像忽然喝醉了一樣，甚麼話都能出口，若我們忍耐著、板著臉不笑，未幾就會大咳，最後必給他的笑話嗆死。信主之後，路雅有了好些改變——笑話清潔得多了，但看著他睜得老大的眼睛和認真地胡說八道的模樣，我們依舊會人仰馬翻。總之，在朋友堆裏一天不說笑就不再是「華仔」了。

不過，這卻不是路雅的本質。他性情的核心充滿天人的契合、藍調的幽微、古典的俠心和屬靈的憂傷，基本上是個穿時裝的憂鬱古人，且是個離鄉背井想念著某個不存在的女子的江南游俠。這喜歡煙雨獨行的浪子信了耶穌，真是神蹟中的神蹟；對此，最開心的莫如他的夫人和兒女，還有我這個常常和他吵架的基督徒。

路雅的詩，正如江南水鄉裏的一道河。無論水面是動是靜，你若不跳進去浸泡暢泳，就無法看得到水的底蘊——那水底的暗流雖然隱蔽，卻是巨大的、不住奔流的、拒絕簡單答案的。身為這時代的一分子，路雅當然會跟我們上酒樓、開詩會、一面噴口水一面吃新鮮出爐的蛋撻，指手畫腳，活潑非常；但這種活潑不同於他內在的活力。細讀他的詩，你會發現他其實更喜歡在文字和思想的動蕩奔流中「掙扎」。不錯，我說的是掙扎——在生活的一板一眼中掙扎出詩的空間，在生意人的實際中掙扎出文學的浪漫，在老板身分的嚴肅裏掙扎出死黨的頑皮。路雅的性格是動是靜？多年朋友，我們一時間也說不準。我只覺得，他的感情是水底暗流裏的高速航行者，但方向已大致穩定，他排拒後現代世界的自相矛盾，享受前進的衝擊力。他的創作力像一條鯊魚，極速泅行，也像許多魚一樣——多產。他不容許自己停下。人生苦短，他希望能盡量經歷水流的沖擦：

尋找讓時間變得更真實

即使一條小草也綠得柔亮

……

——〈尋找〉

「尋找」是重要的。「尋找」這行動造就流動的視角，安於某種固定答案的人，永遠看不到「尋找」過程帶來的成長。「一條小草」為何比往日更綠、更柔亮？那是因為「尋找」的人敢於「走動」，才「看」得見它微小的葉脈和流動的汁液，「看」得見它奇妙地「活著」，「看」得見它的意義。「尋找」幫助我們承認：真誠的「尋找」所改變的，有時甚至包括一個人最基本的立場——否則這種尋找只是對偏見的鞏固。無神論者進入真信仰，就是這麼一回事。當上帝啟動且呼應了我們的「尋找」，「尋找」的對象就再不是人用有限思維建構的那一位「神明」了。真神偉大得多——因此，在「找到了」的同時，我們才正式開始看見，開始「知道」：

時間是怎樣流走的呢？
樹動的時候
祢[1]讓我們知道風的存在

——〈尋找〉

但「尋找」的實際行動是甚麼呢？

是禱告。而禱告卻是經常讓人誤會的行為。有人以禱告為個人修行的功德，也有人以禱告為求神幫助我們趨吉避凶的手段。雖然禱告有時確能帶來處境上的改變，那卻不是因為上帝變了。真正改變的，是我們自己。天父的公義和憐憫是不變的，變的可能只是二者顯彰的序列。

路雅對禱告的認識是有深度的。《論語》：「獲罪於天，無所禱也。」古代中國人對這種張力也多有認識，但東方信徒和西方信徒的分別卻頗為明顯。瑞典詩人托馬斯．特羅朗特羅默

「需要」禱告，路雅卻是來「領受」其晚禱的：

一壁日影滑斜
孤雁南飛
天涯靜寂
林內滿鋪星光

——〈晚禱〉

《我不能承受過量的憂傷》第一輯裏這首四行短詩文字輕鬆而熟練，具中國古典詩詞的典型「詩意」。首行寫黃昏面壁默想，氛圍浪漫。「日影滑斜」指出時間安靜的行進，曲筆點破默想的長度，也表達了詩人的人生階段。「孤雁南飛 / 天涯靜寂」既言秋之寂寥，亦暗示上路者必須面對的孤單。雁本是羣飛的，「孤」雖有點特立獨行的意味，其實明言詩人為寂寞所羈困，更顯示了信仰之門的「窄」，自覺為「孤」，遙遙呼應著第三輯裏頭的作品〈約伯記〉。此類意象本不算新鮮明亮，但放在基督教信仰的語境裏，卻能凸顯詩人即將進入晚年時（「日影滑斜」）一人面對上帝的勇氣、決心，和禱告帶來的視野與心境。夜的龐大，黑暗的霸權和人的無助，使我們沒法不嘗試接觸掌管生死的上帝。末句最特別的地方是它沒有否定黑暗（困惑或困境）的真實。夜還是夜，林還是林，黑暗的路不好走，林木孕育一切魑魅魍魎。但通過深入的禱告和聖靈的臨在，夜變得清澈，點點星光漸漸澄明，不但提供了方向，更使夜（即使是夜）變得靈秀。詩題〈晚禱〉所鋪設的創作狀態，讓這類意象的基本色調徹底變化，而它們也藉此蛻變成簇新的隱喻。

這首詩可以和第二輯的〈黎明中當見祢的殿〉對讀，因為後者好些句子呼應了〈晚禱〉的獨行路段：「黎明中當見祢的殿 / 回到族羣的家 / 回憶裏隱隱的孤獨 / 已然不再！ / 微光中窺見列隊同行 / 祢的呼召 / 更多的生命振翅飛翔」。這幾行詩顯出作者融入教會羣體過程中的漸進喜悅，也提示了讀者：〈晚禱〉呈現的可能是一次私禱（相對於教會的公禱）的境界。

作為禱告詩，〈晚禱〉雖然優美，卻也迂迴，閱讀要求頗高。但路雅的禱告詩，也有寫得明明白白的：

求祢住進我的心
如壺注入杯的滿溢
是祢 叫我重新審視生命
編撰日程、改寫未來……

——〈只要沿著光，我一定能找到祢〉

平凡陽光下
如何數算祢的恩典
正如茫茫大海
我不知怎樣點算萬千小魚？
巨浪滔天的日子
仍能翻過汪洋
游進明日輝煌的急流

——〈我不知道怎樣數算祢的恩典〉

這些作品雖然在表達上用語淺白，卻輕巧地經營著一些簡單樸素、點到即止的比喻（如「我不知怎樣點算萬千小魚？」），使作品脫離純概念的訓誨，煥發出天真的藝術柔光。這是許多聖經詩篇作者常用的方法，路雅大概受到了他們的啟迪。例如大衛在詩篇六十五篇9至13節裏寫道：「你以恩典為年歲的冠冕；你的路徑都滴下脂油，滴在曠野的草場上。小山以歡樂束腰，草場以羊羣為衣，谷中也長滿了五穀，這一切都歡呼歌唱」；六十八篇說到上帝擊退敵人，以色列人安然無恙、連仗都不必打就勝利的時候，這樣描述他的同胞：「你們安臥在羊圈的時候，好像鴿子的翅膀鍍白銀，翎毛鍍黃金一般」，兩句話寫完了，意象不再發展，馬上又「另起爐灶」：「全能者在境內趕散列王的時候，勢如飄雪在撒們」(13～14節)。摩西的作品詩篇九十篇也有「在你看來，千年如已過的昨日，又如夜裏的一更」(4節)、「我們度盡的年歲好像一聲歎息」(9節)。這好幾個著名的比喻，大概都是路雅所喜歡的。

詩篇比一般詩作接近大自然，路雅的詩就有這種傾向。採用大自然意象，或純粹描述天地塵寰的寫法，並不特別受到當代詩人的欣賞。高舉「城市」的詩人總顯得較有批判性，給人更關懷社會、更愛護人類文明的好印象。城市人的擁擠、衝突、商業化，是詩人唾手可得的題材，容易引起共鳴；而內容以大自然為主作品，許多被指為「不現實」，部分評者甚至無限上綱地認為寫山川草木的詩人「做作」。其實，一直以來，部分詩人堅持用自然意象，原因至少有兩個。第一，每個詩人的經歷都不同，寫作的素材自然也不一樣。我開始寫作的時候，大自然是我最喜歡的材料，因為我在離島的山上上小學，天天面對大海和高山(還有許多蚊子和文字)，直到十四歲。對我來說，難道還有比大自然更貼身的事嗎？兩年前，一位波蘭女詩人告訴我和十多個大學生：若不讓她書寫大自然，她就不能再寫詩了。原因何在？她說自己到了十九歲才開始住進市區，老家就在雪山冰湖的旁邊。詩篇作者固然天天與大自然為伍。而深居簡出、日日上山觀鳥的威爾斯牧師詩人R. S. 托馬斯也一樣。英倫詩人拉金（Philip Larkin）寫現代人的生活，就比托馬斯受歡迎得多，詩集當然也更好賣，但我們只能說他得到更多城市讀者的共鳴，並不表示他的詩一定比前者優勝。第二，基督徒比較喜歡用自然意象，不難理解。信仰引發了他們對天地萬物之美的激賞，他們對宇宙的秩序充滿驚訝，對造物主敬畏有加，受到大自然吸引是不難明白的。靈修默想的安靜也和城市的車水馬龍大相逕庭。許多基督徒雖然身在鬧市，但大隱於朝，心靈盡是漁樵之樂。信仰帶給我們逐漸擴大的視野，對於優秀的基督徒詩人（例如托馬斯．特朗斯特羅默和R. S. 托馬斯）來說，大自然意象不再只是視覺上的浪漫裝飾或玄虛的想像樂園，而是靈性上、日常生活上的確切經歷了。我們讀到這樣的詩句，當不難想像一個信徒怎樣在清晨享受獨處的時刻：

盤景窗外是鳥飛的天空
茶香飄滿小小的軒室

——〈待見晨光〉

路雅的作品常蕩漾著奇妙的、充滿活力的平安，而且一點不晦澀，誦讀數次，會生出愈讀愈想讀的感覺，因為它們像歌詞，像可以高聲誦唱的讚美詩，反倒不像漸漸脫離音樂、走向意義、尋求耐讀和反芻可能的現代詩了；你也可以說：路雅的聲音能給人童話一樣的純真和從容的喜悅，平凡的文字組合成浪漫而新鮮的繪本：

我的歌是海螺載著的風
夏夜的夢如星光鋪滿屋脊
……
若我是籃子裏的果實
我將迸開胸膛
傳揚祢的種子
長出祢的花樹

——〈願萬民行祢的義〉

蒲公英為甚麼一生飛揚？
河往那裏尋找大海？
沒有因由的那刻
祢為我停了下來
叫我深深感動而落淚

我失去因為我擁有

我貧乏因為我貪婪

天柔柔藍給海看

每一朵白雲因吹起的風而流動

——〈祢立約在彩虹〉

路雅的信仰詩，要求讀者親自進行徹底的範式轉移，才能深入領會。也就是說，如果無法親自體歷路雅的信仰，就會覺得難以明白，甚至認為那都是平凡的作品。最近我有機會細讀陳智德的作品《市場，去死吧》，感到極度震撼，深受感動。詩人那善感的心靈強烈的抖動，像落在網羅裏的鳥，或誤墮蛛網的小蟲，掙扎至死方休。讀者幾乎可以感受到那活在喧囂現實裏的孤單生命，如何企圖擺脫那滋養慾望、嗷嗷待哺的肉體。如何逃脫這種困境？智德的作品告訴我們，他已經嘗試過宗教。不過，他是否真的領受過心甘情願的一無所有？那則不一定。讀完了充滿激情和悲憤的「抗世」詩，路雅的謙卑與「遺世」顯得輕盈如羽毛。我們可能須要在城市的壓榨和不安裏接受充分的疼痛，才能到達真正的平安。就詩而言，我喜愛智德的作品，因為他激動而真摯，讓我想起呼喊著「大道如青天，我獨不得出」[2] 的聲音，智德的每一行都衝擊著我的感情，但是，就境界而言，我願意得著路雅所得的平靜，因為他已然站在「古木無人徑，深山何處鐘」[3] 的高度上了。（當然，如果要讀一本兩種優勢兼備的詩集，我會介紹一本 —— 舊約的詩篇。）

也許有人會說，路雅的路比別人順利得多了。至少他是個生意人，不愁衣食，也有個美滿家庭。不過這種看法是頗為片面的。沒見過路雅的人，有多少知道他是個殘障人士，本來長得高大英俊，卻因病失去了健全的雙腿？誰曉得他從小沒有父親、由近親撫養成人？誰理解他過去幾年與病魔糾纏的痛苦？誰明白他病中喪母的哀痛？為何他還能夠寫充滿盼望的讚美詩？這與他的才華和性格無關（上面說過，他基本上是個多愁善感的古代江南游浪人），全因為天父上帝和詩人的微妙關係在成長、在流動、在蛻變。

這三輯詩，固然能夠獨立地逐首閱讀，但要真正掌握路雅的信仰，卻得先看看目錄，然後全集一次過細看，才更有味道。因為詩人寫的，不光是零碎的感覺，更是他獲得救恩（第一輯〈我不能承受過量的憂傷〉）的過程；接著，他展開了簇新的生命、進入成聖階段（第二輯〈生命之旅〉）；最後，他開始用基督悲憫的眼睛撫摸世界、關懷別人，這成了他生命中更美的內質。

第一輯的詩次序如下：〈尋找〉、〈晚禱〉、〈擁抱生命〉、〈重擔〉、〈若我在人海中尋覓到祢〉、〈我不能承受過量的憂傷〉、〈歲月之歌〉、〈自由與放任〉、〈等待的空白〉、〈羊歸〉、〈重生〉、〈祢立約在彩虹〉和〈恆愛〉。很明顯，在這小輯裏，以「尋找」和「尋覓」真理的行動開始，詩人經歷了「重擔」和「憂傷」，以及對「放任」陋習的難捨難離，也曾忍耐著「等待」上帝，最後得到重生和恆久的愛。在這一輯作品中，詩人想用單純的詩句告訴讀者，他委身於上帝之前，也曾有過「想信而未能信」的無奈：

貓兒一覺醒來
可以甚麼都忘記
我呢？甚麼時候才可以從夢中回來？
重拾自己

——〈若我在人海中尋覓到祢〉

祢叫我忍耐　可是生命中
總有超越不完的險峯
如果我疲累、沮喪、虛空
祢是否仍在遠處遙待？

——〈我不能承受過量的憂傷〉

然而，帶他找到基督的，正是自知已經失落的心：

我是荒年撒落的種子
祢便是久旱的甘露
祢以淚水滋養了生命
寒冬去後萬物又再欣欣向榮

我是失去鑰匙的鎖
祢便是被尋見的門
祢為我們揹上十字架
萬劫後使我們新生得救

——〈等待的空白〉

其實，在確認得到救恩之前，甚至之後，信徒總有掙扎。對信徒來說，信與未信，有時也難以界定。但其實只要細心想想，這是不合邏輯的。真正的不信，根本不會帶來掙扎。任何取捨，都表示取捨的對象已經確實存在，如果不相信這是事實，根本就不會有取捨的為難。聖經記載了耶穌說的話：「天國好像一粒芥菜種，有人拿去種在田裏。這原是百種裏最小的，等到長起來，卻比各樣的菜都大，且成了樹，天上的飛鳥來宿在它的枝上。」(太十三31～32)信心也是這樣成長起來的,過程奇妙而複雜,許多基督徒都在「信心自覺」的鐘擺下不知不覺經歷到上帝的重整和澆灌。也就是說,相信而未曾委身的路段,在人看來,可能是「不信」或「自欺」,神卻已開始祂施恩賜福、循循善誘的工作了。傳道者都有這樣的經驗:大動肝火地宣稱上帝不可相信的人,很快就會自動加入教會。

第二輯所記錄的,全是與基督建立關係之後的禱告。這種關係不斷發展,層面有二。第一,上帝是無窮的,我們都在認識祂的過程中日漸成長;第二,人的軟弱遠多於我們所知,我們愈變得堅強,軟弱的真相就愈清晰,對自己的要求漸漸提升,生命也必在過程中得到不斷的更新:

季節不是我的包袱
飛行才是生命的終極意義
當我看見祢展翅之剛健
如鵬翼在天空延張
代我們把罪役包攬
才知悉自己的軟弱

——〈黎明中當見祢的殿〉

人一旦宣認信仰，必一步一步發現自己信心的不足，[4]且因此而覺得內疚。沒有這種內疚的人很少，最屬靈的聖徒都會因信心水平的動蕩而不安：

不問因由
祢憐憫的召喚
讓我看見自己信仰上的虛怯

——〈只要沿著光，我一定能找到祢！〉

但這種不逮與不安，正好說明我們的信，否則何來不安？在信徒生活中這是永恆的矛盾，挑戰著人類倚仗感覺度日的壞習慣。我們善變，卻勇於山盟海誓；我們自私，卻愛為私利引用公道原則或人權；我們殘酷，卻說神不仁；我們走調，卻到處演唱。只有來到上帝面前，我們才知道自己的無信、無德、無愛、無一可取。路雅的詩，處處綑出這種自我認知。他認為自己是

一首未完的詩
寫滿了我缺句的生命

——〈待見晨光〉

又如缺氧的魚，等待著水：

祢是再生的湖
用澄明的愛養活這受傷的魚
我破損的鱗光中閃亮著祢慈愛的淚

——〈當我惶惑的時候〉

如果苦難是一種試煉
我願如鏡穿過短小的視域
看祢的偉大如何包容我的殘缺

——〈當我惶惑的時候〉

第二輯裏的這些詩句，使我們驚訝於進入信仰之後反而被搗碎的過程。主耶穌說「在世上你們有苦難」，使基督信仰獨立於人類迷信且自利的操控迷思，一枝獨秀地呼應著崎嶇不平的真實人生。這些「苦難」，在人文精神主導的後現代價值觀裏，可以成為攻擊上帝的刺針；但在上帝的真子民中，「苦難」是不須由誰來解釋的，任何為上帝解說的小聰明，都比不上那超然的、全善的意志和大智慧。路雅沒有就自己殘障且一度患癌的身體向神問「為甚麼」，他要說的，是「即或如此」：

若非在祢眼前
我從未看見自己如此真實地活著
正如我不在乎自己的完整
但怎麼去容忍狂妄與自負？
……

如果甚麼苦難都會成為過去
苦難就不再是
我們生命中的一種難償的債項
軟弱時　求神堅固我的心
……

每次當我輕輕撫摸著祂創造的溫柔
心裏便禁不住詫異的震撼
因為即使一隻小小螻蟻的基因
也已成為了美麗生命中難以解說的圖譜
……

——〈在春天青蔥的葉脈上〉

「螻蟻」通常指在專制政權或漫天烽火之下受苦的老百姓，

路雅採用這個敏感的詞，藝術上走的是險途仄徑，但效果頗佳。在許多人的眼中，上帝有權威和大能，卻沒有愛，連一個小小的社企的老板都比不上。可是，路雅卻要我們正視「螻蟻」這喻象的真身，原來那比人微小得多的昆蟲，細看之下，都有使人驚訝不已的複雜基因圖譜，創造者的匠心獨運和珍愛之情，就是上帝的「溫柔」。慢慢發現生命工程的微妙，使路雅對上帝的信任與日俱增，「叫我懂得反思」，他開始掌握「缺句」和「殘缺」中的喜樂所預示的更大幸福，「知道那就是光」。

如果說這本詩集的第一輯要尋求的是那位「未知」的上帝，第二輯要獻給那「已知」的主，第三輯要暴露的，卻是那「無知」的世界和其中的困惑與沉痛。相比起第一、二輯，這十一首詩翩然揚棄了許多破露的詩行和口號式的總結，顯示出路雅在寫作層次上是一艘升降自如的潛水艇。我這樣說，不是要為第一輯和第二輯的隨和風格辯護，我只是想說，既然可以寫出第三輯這樣比較含蓄的詩，為何同時也創作第一輯和第二輯那些比較顯淺甚至傷情的短詩？前面說過，要讀懂首二輯的作品，須要讀者來一次範式轉移——閱讀的視角，須由從文學的俯角轉換為信心的仰角。路雅選擇回到初民生活的大自然（而大自然明顯不是今天的文學時裝）中與上帝進行「祢—我」對話，也選擇了希伯來人盡情表達的文化模式（例如傷心悔改時披麻蒙灰、捶胸哭告）來創作，因此作品裏回盪著華人教會語言的特色和敬拜意味，詩中許多文字，其實正是此等儀式的衣擺。第三輯裏面或多或少還流露出這種面貌，但文學意識同時因應現實題材而增強。我很強調：這是詩人的選擇，因為第三輯的突變頗為驚眼，遠超過一個詩人風格上的自然起伏。

如何在大廈的窄縫間穿梭、盤旋
流浪的日子甚麼時候才成過去呢？
冷冷的玻璃幕牆外
你正在尋找棲宿的空間

——〈玻璃幕牆上的飛鷹〉

路雅明白，身為基督徒詩人，也須同時尋找這樣的空間，在教會讀者和藝術工作者的小夾縫中，以真實的文學實力見證上帝，因為祂正是一切的美和生命的源頭，是一切詩歌最先響起的地方。

這一輯詩，可以說是路雅的力作。這個失落的城市，是我們成長的地方，路雅對這個漸漸膨脹的都會有深刻的感情。天國正走近，來自盼望；世界——我們處身之地，卻走向滅亡。與上帝一起觀看世界的時候，我們的視點會滑入天父悲憫的角度：

混濁的記憶流過大廈窄小的身側
馬路交錯的匯合處
夕陽斜照著戰前舊樓的小窗
一盆晚秋的鐵樹緊咬餘暉度日
銅鑼灣大大小小的招牌
交頭接耳地探向灰濛濛的天色
卻怎也敵不過一張比一張大的牆畫
在沒風的晚上讓列隊的小太陽
曬得混身失血地發白
小巴三十幾年不變地駛往一個
已經消失的目標叫「大丸」
聖經沒有預言過的現代版桃花源
倏忽使人迷失方向
紅綠燈前的「達達」盲響
分不出節日或假日的平日
慣常地把擁擠塞進繁忙的生活
明日變得愈來愈模糊的時候
挪亞的方舟載不下待救的生命

因為每個人都需要一條更大的船

放下貪婪的慾念和寂寞

——〈挪亞方舟〉

這些詩句對我們的城市刻畫入微，是非常細緻的觀察。路雅勇敢地把扭曲了的所謂「價值」和「人權」呈現在詩歌激動的節奏中，指出恃「弱勢」之名的操控大眾意識這種行為的霸道。後記更清晰交代創作的因由：「從同性戀者為爭取『家庭保障條例』的立法，連想到濫用自由的謬誤。人慾橫流、罪惡滿城的今天，相對昔者飛禽走獸，尚識各從其類，一公一母走進方舟，有感而詩。」路雅的信仰衍生出巨大的責任感，這一類詩在他以前的作品中是不多見的。社會上，多少人、多少信徒像當年的猶大繼續出賣主耶穌，多少金幣繼續取代了真理？但多少人會像路雅一樣，肯以想像中的猶大的悔恨之心來詮釋個人的回轉？路雅並不是那些躲在教會的圍牆內睡午覺的基督徒，他看得見這個世界：「耶路撒冷、猶太全地和撒馬利亞，直到地極」（徒一6～8）。上面的孤獨者，又豈是風琴蔭下那些每天練習鋼琴、參加教會合唱團的中產小女孩所能明白的？因此，路雅送給我們第三輯作品，以「入世」卻不「屬世」的眼睛幫助我們慷慨送出無條件得來的福氣：

願主的手把人間痛苦抹去
水染的寧靜流過星光的路
旅人啊！駝鈴傳閱著誰的鄉音？
乳香未施之處……
輕輕祝福落在燈火明滅間

——〈平安夜〉

「願主的手把人間痛苦抹去」的禱告固然是悲壯的，但「老吾老以及人之老」，對痛苦的深刻體驗，到底來自與神爭持不下的局面。畢竟，祈求「世界和平」比發出「主啊，我受不了」這話更容易，但後者更見真情。第三輯裏面最打動我的詩，是隱去了具體細節，只披露強烈情懷的〈約伯記〉。其語調的真誠與坦白，是中文信仰詩裏少見的，更遑論許多習慣地追求「政治正確」的禱文詩了：

一張書桌也盛載不下的憂傷
在昏黃的燈影下遇溺
我帶著一個淌血的傷口來尋找
祢為甚麼總是給我一隻錯愕的手
……

如果禱告只是淪陷後的獨白
拆毀一座愁城的張狂
如同放逐失控的語言
神啊！祢甚麼時候給我種上小小的慰藉

——〈約伯記〉

難道這不是我們常有的經驗嗎？神回應禱告，但不一定會就禱告的內容應允我們狹窄的請求。這首詩要描述的，正是因此引發的這種失望。不過，當失望裏同時夾雜著悔疚，就連失望的支柱和論據都沒有了。置諸死地而後生——這正是神讓我們全然臣服於祂的痛苦療程。

自諸友流離之後
我的淚水種在阡陌上
求水的魚乾死在懺悔的眼睛
沒有新事的日光下
屬於那種灰色基調的季節
牲畜在該隱缺臉的日子死亡

——〈約伯記〉

「諸友流離」不能不與「該隱缺臉」同讀。該隱所獻的莊稼不為神悅納，因而殺弟洩憤（參創四章）。「該隱缺臉」是詩人對自己的罪的描述，「缺臉」暗指羞愧，「牲畜」之「死亡」表達再無牲口獻之以贖罪的處境。我們或無法百分白知悉路雅和「諸友」之間的關係，卻感到他強烈的悔意。「憂傷痛悔的心，神必不輕看」（參詩五十一 17）。救恩，總是從這裏開始的。活下去，正是福音的美果。問題是：多少人知道甚麼才是「活」，甚麼才是充分的「理由」?

我是一尾跌進洞裏淺窪的盲魚
然後在棄嬰身上讀出自己
殘缺的身世
沒有血色的傷疤晾曬在乾澀的陽光下
微風吹動樹影
明天——
祢會不會找一個理由
讓我活下去！

路雅的詩集中，這一本是我最愛的。在詩集裏，第三輯作品更是我最喜歡的。而這一首詩，是在第三輯裏頭我最喜愛的。也許，他走的路我也正走著。為了繼續寫好詩——路雅活下去的理由中的一個——天父已經藉著他的文字觸動我們的心。

身為讀者，我靈魂裏蕩漾著巨大的共鳴；但我也知道，所謂「共鳴」，對你來說，也可以單單是一種「順我者佳、逆我者劣」的狹窄閱讀視野；所以，我實在不曉得你是否同樣喜歡這本詩集。但願你也說：我喜歡，因為我同樣正在領受上帝龐沛的恩典。阿們。

15

上帝在沙上書寫
——讀托馬斯・特朗斯特羅默的作品[1]

在同一站樓停駐

一連好幾天沉醉在托馬斯・特朗斯特羅默的詩歌裏。他可能是當今世上最偉大的詩人，我熱切期待他走上諾貝爾文學獎的頒獎台。（此文寫於十年前。在浸會大學的課堂裏，我每年都對學生説他必定會獲獎，否則諾獎不值得尊重。結果，他在二〇一一年獲獎了。）讀他的詩，我好像回到從未認知卻又非常熟悉的境界，在那兒尋回遺失於童稚的珍貴東西。因著這種經驗，多雨且黴菌滿布的夏天忽然就變得爽淨清涼了，漸漸從最內層開始滲出奇異的亮光。我好些日子沒有這樣用功讀書了。

可是，我也很無奈，因為我不懂得看原文（瑞典文），幾經辛苦才找到了一個英文譯本（羅伯特・布來〔Robert Bly〕的《半完成的天國——特朗斯特羅默最佳詩作》〔*Half-Finished*

Heaven: The Best Poems of Tomas Tranströmer〕）和兩個中文譯本（李笠的《特朗斯特羅姆詩全集》和董繼平的《特蘭斯特羅默詩選》），以及北島的一篇隨筆〈特朗斯特羅默：黑暗怎樣焊住靈魂的銀河〉。[2] 北島、李笠和董繼平似乎都和特朗斯特羅默相當熟落，北島更直稱他為「托馬斯」。羅伯特·布來更不用說，他是特朗斯特羅默好朋友（因此我想他的英譯大致可信）。他們能夠不止一次親睹這位詩人的風采，叫我羨慕不已。不過，我最希望細讀的論文〈托馬斯·特朗斯特羅默詩歌裏對信仰的確認〉（"The Recognition of Faith in the Poetry of Tomas Tranströmer"）[3] 我尚未有機會看到。

北島說他是翻譯特朗斯特羅默的第一位中國人。[4] 我想這說法不完全對。一九八一年，香港「詩風社」出版的《世界現代詩粹》中，就有胡國賢（羈魂）的中譯本。那讓我第一次接觸到瑞典這一位出色的詩人。當時胡國賢翻的是"Track"（〈軌道〉）。這首詩的詩題，在董繼平的譯本裏翻成〈轍迹〉，李笠則在《特朗斯特羅姆詩全集》中將之譯作〈痕迹〉。放在一起看，我比較喜歡〈軌道〉，因為它的「解說性」不那麼強，保存了意象的聯想空間，且最能夠配合作品中的「火車」這個喻體：

軌道[5]

清晨二時：月明。火車停在
郊外的田野。遠處，小鎮點點光芒
冷冷曳搖於地平線上。

就像一個酣睡的人
將不復記憶曾處身之地
當他一旦醒來。

又像一個病重的人
日子就變成了一叢曳搖的光芒
微弱而冷冷的，於地平線上。

火車全然不動。
二時：月極明，星稀

意象唯美而精確，是許多中外詩人的強項。然而特朗斯特羅默詩中意象的優勢，遠超於此。它們承載的世界繁富但樸素、寬闊而幽深，大膽卻敏細，能夠把城市生活和大自然緊密聯結在一起，想像領域遼闊卻堅持與現實保持連繫，帶來無法比擬的閱讀驚喜和深層感動。羅伯特．布來在《半完成的天國》的序言裏一語中的：「我們之所以感觸到他詩歌裏闊大的空間，也許因為他每一首詩裏的四、五個意象，都來自靈魂深處那些隔得遠遠的源頭。他的詩是火車站，許多火車從極其遙遠的地方到來，在同一站樓停駐。這一列的車盤下可能仍沾著俄國的雪，那一列的車廂裏卻載著地中海的鮮花，車頂上還有魯爾工業區的煤煙。」詩人所展示的無匹的流暢力和原創力，使我這個也嘗試寫詩的小格局大大地吃驚。看他怎樣調動描述音樂的不同圖式、場面和象徵，就知道了：

我升起我的海頓旗。信號是：
「我們不投降。卻要自由。」

音樂是站在斜坡上的玻璃房
石頭飛來、石頭滾下。

石頭滾動直衝越那房子
每一片玻璃卻仍安然無恙

——〈快板〉

甚麼叫做過目不忘？讀過上面這個片段就知道了。特朗斯特羅默建築在山坡上這個小小的玻璃房子，永不會從我們的記憶中消失。再看另一片段：

> 李斯特今夜彈琴，踩牢海的踏板讓海洋綠色的力量
>
> 穿過地板騰升，滲透樓房的每一塊石
>
> 美麗的深尋啊，晚安！
>
> 滿負的貢多拉乘載著生命，它簡單而黑
>
> ——〈哀傷貢多拉〉

羅伯特．布來在序言中說，詩人善彈鋼琴，一九九〇年中風之後，右手不靈了，瑞典眾作曲家於是特地為他寫了好些只用左手彈奏的鋼琴曲譜，讓他繼續享受彈琴的樂趣。特朗斯特羅默在本國深受愛戴，於此可見一斑；他對音樂鍾情，更非常明顯。上引的這兩個片段，令我想起二十出頭就寫出〈李憑箜篌引〉的李賀。對讀者來說，兩位詩人的厲害之處，同是可以直接從聽覺的峯頂經驗躍向視象和觸感的山脊，從容不迫，毫不費力。

但是，詩人寫作時的主觀感受是否一樣流暢自如、滔滔不絕，也就是俗語所說的得心應手呢？那倒未必。好詩不全是順

產的（雖然經常是），優秀作品有時得經過漫長的孕育期。特朗斯特羅默的詩裏，常提到這種飽滿而未破、既濟而未渡的精神狀態。

真相不需要家具

特朗斯特羅默多次描述無法名狀的信息和感情怎樣在他的心底流動、醞釀、等待破土。北歐的四月，萬物在生命的邊緣準備躍動、騰升。但這過程是漫長的、磨人的、舉棋不定的：

春天躺在那裏，無人問津。
深紫色的水溝。
在我身邊流動
沒有倒影。

惟一閃亮的
是黃色的小花。

像小提琴那樣
我躺在自己影兒的
黑色盒子裏，給人挽著。

我惟一要說的話
在一臂之遙外飛翔，
像家傳銀器
在當鋪老闆那兒一樣。

——〈四月與沉默〉

這首詩，固然可以簡單理解為描述北歐春天的短歌，也可以是對繆思未臨將臨那種狀態的摹寫。心靈的膨脹，言語的欲來，未得的焦慮，總在春泥的表層下蠢動，飽滿卻尚未溢出，真實卻沒有證據。最後二節，詩人用了兩個奇警的比喻來刻畫這種感覺：第一，它們「像小提琴」，有一天要奏出美麗的音樂，卻仍被自己的影兒（提琴盒子）禁錮，忍耐著等待自由。第二，它們像「家傳銀器」，極其珍貴，卻要給拿到「當鋪老闆」那兒典當，主人此時不免欲行又止，出不了手；到真的典當出去了，要拿回來，也絕不容易，就好像快要到手而拿不到。作品發展到這裏，忽然收結，意味深長。特朗斯特羅默輕巧而準確的文字，給人帶來忽然為愛情所擊到的迷幻和感動。下面這首〈過馬路〉，同樣描述靈感的將臨未臨，同樣使人神往：

街道沉厚的生命繞著我旋轉；

全無記憶，也全無慾望。
遠在車流底下，地土深處，
尚未誕生的森林仍得等待一千年。

我覺得這街看得見我。
它的眼力太差了，把太陽看成
漆黑太空裏一團灰色的毛線。
但一瞬間我給點燃起來了。它看見了我。

——〈過馬路〉

李笠在《特朗斯特羅姆詩全集》的序言中認為特朗斯特羅默的作品「始終在講述這些隱祕的世界，它們在描述『權力』佔領生活中牆之間的空隙時，表達了對這一狀態的內心的感受，即，封閉的自由在缺少行動時，必須向內心、向具有色彩和童年的下意識尋求。……特朗斯特羅默的詩句使神祕突然降至，無形的變得有聲有色，可觸，可及。詩人彷彿在說：世界是密碼，讀它！破譯它」！這段話頗能啓發我。特朗斯特羅默的作品，確實經常探根於常人難以開啓的、「具有色彩和童年的」潛意識，展示出他在音樂、美術、文學各方面的優美內質。天賦的特異才華命令想像之師向各種感官的邊疆層層推進，最後越過它們，插上國旗、重訂國界；最驚人的是他思想感情大軍路過之處，一點蹄痕都沒有，只有睡飽以後一覺醒來的輕鬆。沒有讀者會因為詩人用詞艱澀被拒諸其作品的門外。「深入淺出」一語，用來形容特朗斯特羅默的作品，再合適不過。因此，「世界是密碼，讀它！破譯它！」的信息對是對了，語氣卻似乎太沉重。特朗斯特羅默是輕靈的，他不一定要求讀者第一時間找到最終的謎底，反倒盼望我們深入享受詩歌的「謎面」及其本身的美感。羅伯特．布來《半完成的天國》的序言，就以〈升入深尋〉（"Upward into the Depths"，「尋」是深度單位，每八中國尺為一尋）這個弔詭矜奇的短語為名。全無重量、自由自在卻極有分量、極具深度，正是特朗斯特羅默詩作的優點。

當然，這不是說特朗斯特羅默的作品只具備特別強烈的感官和意韻，反之，他每一首詩都有話要說。「話」不盡指他對人生的覺悟哲思，卻也不一定不是。詩人本身是心理學家，這個專業要求「從業員」，有高度的理性和充分的直覺，特朗斯特羅默二者俱佳。正因如此，他能夠把非常知性的學理化成圖畫和聲音，精確無誤地把人的心理狀態表達出來。我特別喜歡這首〈受壓〉，因為它幾乎是每一個活在壓力下的人的寫照：

藍天的強力引擎震耳欲聾。

我們活在萬物顫抖的工地上
在那裏大海深處會忽然打開。
貝殼和電話絲絲作響。

你若趕快側望，美景依然。
田野飽滿的穀粒匯成一道澄黃的河。
我腦海裏不安的影子被吸引過去了。
好想爬進穗子裏變成金。

夜來了。午夜我上牀去。
小艇自大船出發。
海面上只剩下你一人。
社會黑沉沉的大船殼漸漸遠離。

——〈受壓〉

詩人用了幾個對比重塑壓力的本質，讀之不得不掩卷長嘆。其自然意象與現實環境緊密呼應。霸氣的噪音、震抖的工地、煩人的電話、吃人的黑暗世情，都是我們熟悉的壓力來源和現象。腦海裏不安的我嚮往著無法冀及的金稻田，流放自社羣大船的孤獨小舟漂泊夜海，詩人失眠了。我們都曾經受壓，但從壓力中回過頭來運筆抒懷，卻未必有勇氣重返那可怕的境況，為成就一首詩再度進入痛苦的記憶。特朗斯特羅默的善感和勇毅的程度，叫人羨慕，更使我這個也學著寫詩的人幾乎有點絕望了。他是那麼豐富，那麼義無反顧，為了詩，再沉痛的經歷都可以從頭咀嚼。他對美敏銳，因而得詩、得畫、得音樂；對生活敏銳，因而得感觸、得激情，也無可避免地得到許多使令人難受的情緒，壓力是其一，哀傷是其二：

曾經有那麼一回的震動
留下了長長的彗星尾巴，明明滅滅。
它把我們禁錮在裏面。它讓電視畫面降雪了。
它凝固成電話線上冰冷的水點。

冬陽下你尚可慢慢滑行於雪地
穿過矮樹林，上面懸著幾片葉子。
像從舊電話簿撕下來的殘章。
名字都給寒冷吞去。

聽心在跳依舊是美麗的
但很多時影子看來比身體更真實。

在滿布黑龍鱗片的盔甲旁邊
武士顯得微小。

——〈某人死後〉

「留下了長長的彗星尾巴，明明滅滅。/ 它把我們禁錮在裏面。」這兩行寫被囚的無奈，呈示哀傷難以擺脱這事實。電話簿裏，死人的名字再沒有意義，那一頁也變稱殘張了。「矮樹林，上面懸著幾片葉子。/ 像從舊電話簿撕下來的殘章。/ 名字都給寒冷吞去」幾行，以嚴寒寫死亡的霸氣和暴力。在孔武有力的悲哀裏，「我」(「身體」、「武士」) 萎縮了，傷感 (「影子」、「盔甲」) 卻變得不合理的巨大。這些虛假的「現實」盡都是抑鬱病人典型的錯覺，心理學家嚴格的訓練使詩人清晰知道自己的心情正處於低谷。於是沉重霸道的噩夢與微薄堅持的清醒攜手成就了這個簡單而動人的作品。特朗斯特羅默擅長通過嶄新優美、出人意表的喻像來描述一般人時常經歷的情緒，他的詩所引發的共鳴和美感是無法匹敵的。

特朗斯特羅默重視個人成長，追求表裏一致。他相信人須要進入內心面對真實的自己。這卻是很不容易的。許多人終其一生都不敢走上這段內省的路，沒有膽量經歷這種磨人的「揭示」。為了成為真正的詩人，特朗斯特羅默卻多次主動進出潛意識的那詭異華美的境界。切身經歷告訴他，尋找真我的每一步都極其痛苦，途上，人會被猛力擊打，這段路漫長、多阻而充滿危險，然而，人到了尋獲自己的那一刻，即可登上默觀經驗的頂峯，面見上帝。下面這首名為〈序曲〉(英文 preludes 是眾數的)的詩所描述的，可能正是打開「我」這個洋蔥的幾個主要步驟。作品的第一部分寫人生必然遇上的衝擊，暴風雪中，「要來的事」一片一片碎開、剝落，重重地打過來，我們的自然反應是逃避：

I

我逃躲暴風雪中那些打橫擊來的東西。
那些從要來的事剝落的碎片。
一面鬆脱欲倒的牆。無眼之物。堅硬的。
一張牙齒組成的臉！
孤立的牆。還是，一幢小屋，
雖然我看不見？
未來……空房子組成的大軍
在紛飛大雪中摸索著前行。

——〈序曲·第一部分〉

逃避是對付痛苦的一種策略，但那是必然失敗的策略。人即使躲過了客觀苦難的衝擊，卻無法避開自己。作品的第二部分描述人面對自己時的巨大痛苦。但我們必須跨過這個關口，才能和自己相認：

II

兩種真相走向對方。一種來自裏面，另一種來自外頭，
它們相遇之處，我們有望對自己驚鴻一瞥。

看見將要發生的事，你大叫：「停！
任何代價，只要不必認識我自己。」

一隻小艇在那裏想要靠岸——它就在這裏試著
它要繼續嘗試千萬次。

叢林暗處伸來一隻長長的船鈎
從敞開的窗子刺進來
戳入舞會客人之中，他們跳舞把身子跳暖

——〈序曲．第二部分〉

「小艇」嘗試泊岸，河岸卻拒絕它。認識自己的努力，經常受到無由的攔阻，阻力來自恐懼，也來自燈火通明的假光明、偽溫暖。但完整的人生仍建基於我們面對未來，面對自己，面對上帝的不輟嘗試。這首詩的三部分正好刻畫了這三段成長的階梯，在詩人眼中，我們若想真正地活著，世上別無他法。最後，人更得面見那榮耀的大光：

III

我住了大半生的房子得清空了。它已變得空空的再沒
有甚麼。船錨放手了——雖然還載負著那沉重綿長的
傷感，它仍是城裏最輕盈的房子。真相不需要家具。
我的生命剛走完了一個大圈，回到起點：一所給吹熄
了的房子。我經歷過的一切，此刻在牆上顯現，如同
埃及墓室內牆上的彩圖和壁畫。但這些圖像漸漸模糊
了。光線變得強烈。窗子擴大。空房子是個指向天空
的望遠鏡。它沉默得像貴格會的崇拜。你只聽得見後
院裏的鴿子，牠們的低鳴。

——〈序曲・第三部分〉

這段文字明顯傳達倒空內在、虛己納光的信息。新約聖經

記載基督口裏八福中的第一福——「虛心的人有福了，因為天國是他們的。」（太五3）正是這個意思。「虛心」原文的意思是「自覺心靈貧窮的人」。把個人的雜物移走，把自己的小火吹熄，讓私有的記憶模糊；騰出空間，張大窗子，平安和寧靜才能真正降臨。我覺得詩人對安靜默觀既有深刻的認識，也有充分的操練。在西方文化裏，「光」自然是大能主宰上帝的象徵；「鴿子」也一樣，代表聖靈，其「低鳴」只有在極其寧靜的時刻才聽得見。貴格會的「崇拜」，眾所皆知，是一種無聲的靜態崇拜。這一部分，充分顯示詩人已經「泊了岸」，找到了「我」。而真我，就是那個能夠清空愛慾、為真光照透了的我，因為「真相不需要家具」。從作品看，特朗斯特羅默敬虔而寬闊，他的信仰是有深度的。

上帝在沙上書寫

不錯，特朗斯特羅默的信仰極其深刻。〈序曲·第三部分〉描述的靈修默觀境界，對不少基督徒都來説都很熟悉。他在另一首詩〈尾曲〉（"Postludium"）[6] 中，也提到類似的經驗：

我像一隻錨在世界的底部拖行
鈎住的我都不想要

疲憊的憤怒，灼熱的屈從
劊子手收集石頭，上帝在沙上書寫

靜寂的房間
月光下，家具急欲奔逃
我穿過空鎧甲組成的森林
慢慢走進自己

討論這首詩的信仰主題前，讓我們先看看另一個中譯本。李笠先生在《特朗斯特羅姆詩全集》中的翻譯如下：

我像一隻鐵錨在世界的底部拖滑
留住的都不是我所要的
疲憊的憤怒，灼熱的退讓
劊子手抓起石頭，上帝在沙上書寫

靜寂的房間
月光下，家具站立欲飛
穿過一座沒有裝備的森林
我慢慢走入我自己

我有時頗為欣賞李笠先生的譯筆，第一節尤其好。第二節末二行的譯文（「穿過一座沒有裝備的森林／我慢慢走入我自己」）我卻是不大同意的。我認為董繼平先生在《特蘭斯特羅默詩選》中的「我穿過一片空鎧甲的森林／慢慢走進自己」是更準確的翻譯。為甚麼呢？因為要解讀這個作品，須對新約聖經有相當認識。下面會詳細說明。

「靜寂的房間／月光下，家具急欲奔逃」遙遙呼應「真相不需要家具⋯⋯一所給吹熄了的房子⋯⋯窗子擴大。空房子是個指向天空的望遠鏡」〈序曲．第三部分〉，二詩並讀，可以見出〈尾曲〉書寫了一次靜禱的經驗。為甚麼我說是基督徒的「靜禱」而非佛、道、新紀元運動或法輪功的「安禪」、「打坐」呢？因為詩人清楚記述在上帝面前自省己身、清除苦毒，最後獲得潔淨和赦免的整個過程，那位有位格的上帝，一直在場。詩中輕巧地演繹了新約聖經很重要的一段經文。「劊子手抓起石頭，上帝在沙上書寫」典出約翰福音八章 1 ～ 11 節：

> 於是各人都回家去了。耶穌卻往橄欖山去。清早又回到殿裏。眾百姓都到他那裏去，他就坐下，教訓他們。文士和法利賽人帶著一個行淫時被拿的婦人來，叫她站在當中。就對耶穌說：「夫子，這婦人是正行淫

> 之時被拿的。摩西在律法上吩咐我們，把這樣的婦人用石頭打死。你說該把她怎麼樣呢？」他們說這話，乃試探耶穌，要得著告他的把柄。耶穌卻彎著腰，用指頭在地上畫字。他們還是不住的問他，耶穌就直起腰來，對他們說，「你們中間誰是沒有罪的，誰就可以先拿石頭打她。」於是又彎著腰，用指頭在地上畫字。他們聽見這話，就從老到少，一個一個地都出去了，只剩下耶穌一人，還有那婦人仍然站在當中。耶穌就直起腰來，對她說：「婦人，那些人在哪裏呢？沒有人定你的罪嗎？」她說：「主啊，沒有。」耶穌說：「我也不定你的罪。去吧，從此不要再犯罪了！」

凡熟讀四福音書的基督徒，莫不知道這段歷史。當時，猶太人帶了一個「淫婦」去見耶穌，要祂表態。如果耶穌說，好，就按摩西律法拿石頭擲死她吧，猶太人就會指摘祂濫用私刑(這樣做觸犯當時的羅馬法律)，叫羅馬兵把祂抓去坐牢候審；如果耶穌不同意用石頭處決她，他們就會控告祂違背祖宗(摩西)古訓，罵祂大逆不道。當時，無論耶穌怎麼說，都會給他們抓住把柄。這本來就是個陷阱。不過，耶穌充滿智慧的回答使他們無地自容、灰溜溜地離開了。最後，基督不定淫婦的罪，彰顯了祂赦罪的權柄和大恩。特朗斯特羅默這個作品首節的末句，表達出個人那種無可奈何的、無法處理的罪咎感(「疲憊的憤怒，灼熱的屈從」)，說自己已然站在淫婦的候判位置上，正等待石頭飛來(「劊子手收集石頭」，準備行刑)，聽候基督裁決(「上帝在沙上書寫」，尚未表態)。

這首詩須要細讀，因為它非常精敏、準確簡練地表達了基督教的幾個主要神學思想。第一，耶穌就是上帝。約翰福音說「耶穌卻彎著腰，用指頭在地上畫字」，特朗斯特羅默將此句演繹為「上帝在沙上書寫」，清楚認定耶穌就是上帝，這是一切純正基督教信仰的起始點。第二，孕育罪念等同犯罪。馬太福音五章28節記載了耶穌基督一句很有名的話：「我告訴你們，凡看見婦女就動淫念的，這人心裏已經與她犯姦淫了。」這話揭示了罪的本質——未付諸於行動的不正確慾望已經是罪。十誡為何難守？對猶太人來說，前九誡都可以一生遵行，惟獨第十誡「不可貪心」無法遵守。不掠取，不偷竊，不許騙也許可以做得到，但人怎可能全無羨妒之心、貪財之念、追求美名和取私利之慾望？因此，聖經也強調「眾人都犯了罪」(羅五12)，「沒有義人，連一個也沒有」(羅三10)。特朗斯特羅默對聖言之認識，真使人吃驚。舉例說，「疲憊的憤怒，灼熱的屈從」都不是世人眼中的罪行，但對詩人來說，卻都是須要被赦免的，因此他說：「鈎住的我都不想要」。藉著約翰福音中耶穌赦免淫婦這段經文的亮光，我們就能夠理解詩歌前後兩節的輕重對比了。罪的負荷使他感到自己「像一隻錨在世界的底部拖行」，「錨」的喻象，突出的是沉重、包袱。但經過了禱告，人安靜下來（「靜寂的房間」），低頭在沙上書寫而不回答控訴者（「劊子手」）的上帝赦免了他，把他的重擔趕走（「家具急欲奔逃」），讓他的心靈變得澄明空闊；最後，詩人終於能夠面對自己、認出了獨特的自己（「慢慢走進自己」）了。「家具」是特朗斯特羅默愛用的意象，代表了裝飾、打扮、掩護。因此，他在末後二行說自己穿過「空鎧甲組成的森林」，不再受到外殼蠱惑，表象和心靈再度整合為真正的「我」。心理學家都非常強調「表裏一致」，因為只有這樣，我們才是活著的，才有能力愛上帝、愛自己、愛人和做選擇。

從上面這首詩我們知道特朗斯特羅默不但篤信基督，更是個經常自省、相當虔誠的信徒。同時，他詩藝高超，不但不會硬銷信仰，更能將自己的信念變成世界一流的詩作；他筆下的圖像是簡單而鮮活的，沒有人讀不懂，卻沒有多少讀者能夠盡探他的深度。下面的這一首〈兩座城〉（“Two Cities”），[7] 也只有八句，同樣言簡意賅，表達了海洋一樣深博的神學思想：

那兒有一道河，兩岸各有一座城
一座全然漆黑，住著敵人
另一座燈火通明
亮著的城催眠黑暗的城

閃亮的黑水中
我恍恍惚惚地游往河心
忽聞一聲穩重的圓號
那是朋友的聲音：「拿起你的墳墓，走」

第一節末句中的「催眠」亦可理解為「使對方傾倒」。這首短詩涉及的神學論著和經文也不少。首先是聖奧古斯丁（St. Augustine）的名著《上帝之城》。上帝的城（屬天之城）指的是教會，這個國度本該是全然聖潔的（「燈火通明」）。另一座城是地上的城，它代表了墮落和罪（「全然漆黑，住著敵人」）。基督徒同時是這兩座城的公民（這就是貫串新約聖經的「既濟卻未然」〔already but not yet〕概念）。此詩設景於人類的這種處境：人具神性，有聖城的血統，因為「上帝說：『我們要照著我們的形像、按著我們的樣式造人』」（創一26），但人卻在黑城出生、成長，而且「都犯了罪」（羅五12）。因此，人很迷惘(「恍恍惚惚」),浮沉於兩座城中間的河上,若非上帝主動救拔,我們的結局就只有沉淪。

第二節的最後二行,也跟幾段經文關係密切,那是基督徒都很熟悉的。第一段來自約翰福音十五章13至15節耶穌基督的話:「人為朋友捨命,人的愛心沒有比這個大的。你們若遵行我所吩咐的,就是我的朋友了。以後我不再稱你們為僕人,因僕人不知道主人所做的事。我乃稱你們為朋友;因我從我父所聽見的,已經都告訴你們了。」從這段經文看,詩中的「朋友」指的是上帝。我這樣說未免武斷,因為「朋友」一詞太常用了,我們怎麼知道它說的不是別人呢?請看我的論據。除了第一段聖奧古斯丁的「雙城概念」之外,還有另外一段經文可以佐證。那就是馬可福音二章裏記述的一件事。話說耶穌在一個平房裏講道,很多人來尋求祂的醫治,一個癱子因行動不便,擠不進去,他的幾個朋友就把屋頂拆掉,從上面連人帶褥子把他吊著放到耶穌基督那兒去。耶穌見他們虔誠,就對癱子說:「你的罪赦了。」

當時在場的文士(他們不信耶穌是上帝,是來監視祂的)一聽,就很不高興,認為基督那樣說話是褻瀆,因為只有上帝可以赦免人的罪。耶穌於是問他們:「或對癱子說『你的罪赦了』,或說『起來!拿你的褥子行走』,哪一樣容易呢?」此處的「起來！拿你的褥子行走」在英文《欽定本》是"take up thy bed, and walk"。特朗斯特羅默詩句「拿起你的墳墓，走」英文是"take up your grave and walk"，後者是依據前者改寫而成的。和「褥子」一樣，「墳墓」象徵了「疾病」、「有罪」、「不自由」和「死亡」，躺在墳墓裏的人，比躺在褥子上的更需要赦免和救贖。一個「朋友」能夠以上帝的口氣說話，而上帝又明明說過祂看我們為「朋友」，這人無疑就是上帝自己了。

特朗斯特羅默的詩可解而耐讀，意象輕靈卻內涵豐富，自成一套沒有宗教氣味的信仰美學。閱讀的時候，無論從視點、佈景、聲音、細節、品味、精練程度各方面去欣賞，都能獲得巨大的滿足，無法不為其優美、從容和深刻感到深深吸引。我簡直給他的詩「催眠」了。

特朗斯特羅默不是多產作家，但其中以信仰或信仰的實踐（例如禱告、聚會）為主題的作品卻遠遠不止一首兩首。下面這首只有五行的短詩〈從一九六六融雪季開始〉（"From the Thaw of 1966"），[8] 是我最愛的作品之一。

咆吼著的盲動的大水，古老的催眠術
河潮浸上了廢車場，在面具背後
閃閃生光

我緊緊握著橋欄
橋：馳越死亡的大鐵鳥

我把這首詩看作書寫個人認信基督的標誌，不無危險，一定有人認為我過分「讀進了詩裏去」(reading INTO the poem)，但讀詩人的全集，我堅持己見(真固執呢)。李笠先生和董繼平先生兩位譯者都忽略了詩題中的「從」(from)字，以為作品單單是寫融雪情景的。但我無法不按照「從」字的意思理解作品。如果把詩題直譯為〈從一九六六融雪季開始〉，我們不免要問：那一年的融雪季，為何對詩人特別重要？

冰雪消融的意象，不難意會，比喻硬的東西軟化了，此處指心靈的投降、臣服。我個人相信詩人就在那一年春季委身認信天地的主宰，成為基督徒；不信的人，用聖經的言語說，是「心腸剛硬」。另一方面，融雪現象所帶來的洪水，也可指上帝追究罪愆的烈怒，與聖經創世記記載的洪水歷史遙相呼應。這無法抵擋的義怒，我們都須要承擔，罪責人人有分。上文說過了，我們「都犯了罪」。但是，祂放過了我們。大洪水上的橋是鋼鐵所造的，狹窄(信徒要走的路是「窄路」〔太七13〕)，但牢固。它像鳥一樣張開雙翼，「馳越死亡」。甚麼東西形狀像大鳥展翅、且可以馳越死亡？我看見的是基督的十字架。洪水帶來的毀滅與鐵橋架起的救恩，審判的苛猛與十架的溫柔，對比強烈，但意義深遠，不容易三言兩語講得清楚，特朗斯特羅默不但做到了，他更能夠在非常有限的概念空間裏（此詩只有五行）「如鷹展翅上騰」（賽四十 31），來回翱翔、舉重若輕地成就了最豐富的詩句。

〈黑色明信片〉是特朗斯特羅默詩集裏最易懂的作品之一。不過，要完全明白他對死亡的感覺，最好也先讀讀新約聖經裏的數段經文。首先是馬太福音二十四章 38 節：「當洪水以前的日子，人照常吃喝嫁娶，直到挪亞進方舟的那日」，然後是帖撒羅尼迦前書五章 2 節：「主的日子來到，好像夜間的賊一樣」，最後是彼得後書三章 10 節：「主的日子要像賊來到一樣」。上帝的審判會忽然出現，死亡同樣會忽然到來，不必預先通告——詩人描述的正是後者。一九九〇年，特朗斯特羅默因為血壓太高兼過分疲累中風。這首詩寫在此事之前，不幸言中，使人傷感。

工作曆排得滿滿的，前景不明
電纜哼著一支民歌，這歌卻不屬
任何國族。雪落在鉛樣死灰的海上。陰影
在渡頭上搏鬥

生命的半途上，死亡來訪
量度你的尺寸。這訪問
給忘記了。生活如常。但冥冥中
有人正縫製你的壽衣

——〈黑色明信片〉（“Black Postcards”）[9]

此詩的題旨再明顯不過，我想討論的，是作者思考方式的奇警之處。「電纜哼著一支民歌，卻不屬／任何國族」正是一例。理論上，「民歌」幾乎是來自民族血液的歌，身為民族的一員，自然懂得唱，但此民歌雖然擁有這種潛在的熟悉感，卻不屬於任何國族。我覺得如果將這兩行詩理解為「這民歌找不到源頭」（董繼平先生譯作「無家可歸」，李笠先生譯作「沒有祖國」），就較難欣賞這個厲害的弔詭了。「不屬於任何國族」的意思，正好和它的字面意義相反，指的是「它屬於所有人／所有民族」——沒有人可以避免死亡。另一例子，是「生命的半途上，死亡來訪／量度你的尺寸」二行。第一次讀，我領悟到詩人的表層意思：死亡為我們縫製的壽衣是「度身訂造」的（這也是頗為驚眼的講法），再讀一次，我的理解豐富起來了，「量度你的尺寸」頗有論功過、施審判的意味，我“Aha”一聲，點點頭，以為自己已經完全得其真粹。豈料讀到第三次，倒又有了一點返璞歸真的傾向，將這兩行理解為一次身體檢查以得到一些讀數（驗血之類）的過程了。這種迂回曲折的閱讀經驗也真有趣。說句老話，這詩的層次多，只讀幾次肯定讀不完。

詩人對自己身體的變化都很敏感。本港詩人陳德錦在一次不適之後，寫了一組詩〈死亡的低語〉，那也是我喜歡的作品。我猜特朗斯特羅默寫〈黑色明信片〉的時候，也許已經過一次或多次不適。人一旦走到中年，這種經驗就不會少，幾乎人人都有過，特朗斯特羅默更寫得特別簡潔、精到，使人過目不忘。

人死了，會到哪兒去呢？怎樣才可以在死後「重生」？這是關乎所有人的大問題，聖經約翰福音早就處理過了（一會兒就會說到），特朗斯特羅默的作品〈零散的會眾〉（"Scattered Congregation"）[10] 也重提此事，他認為到教會聚會的人，許多都沒聽明白耶穌基督的話。讓我們先來細讀這個作品：

我們準備好了就展示自己的家
來訪的人想：環境不錯嘛
貧民窟肯定藏在你們體內

教堂裏，拱門和柱子
白得像石膏，裹在

信仰的斷臂上

教會裏有一個討飯的盤子
從地上慢慢地提起
眼珠一排排的長椅浮游

可是教堂的鳴鐘都落入地下了
懸掛在污水管道裏
我們每走一步，它們就響

夢游者尼哥德慕向那個地址
進發了。誰有那個地址？
不知道。但那正是我們要去的地方

這首詩的題目，李笠先生譯做「解散的集會」，董繼平先生翻成「解散的集會」，我選擇譯作〈零散的會衆〉。可能因為兩位譯者對於基督教的文化認識不深。在這樣的語境裏，Congregation 一般譯作「會衆」，指的是教會裏進行禮拜的信徒羣體。「解散」一語沒有貶義，「零散」的負面色彩則相當濃烈。「解散」一般直說人羣聚會完畢分散開來的情景，但詩人在此描述的不是這種情況，而是教會缺乏向心力、離散破落、一盤散沙的可悲現象。

作品的第一節，以「我們」和「家」來代表教會應然的本質。可是，這個家只有的表面的風光，連外人都看得出教會正在打腫自己的臉皮、努力扮作胖子。名義上的基督徒內裏的貧乏，讓詩人感到不安。第二節進一步把教堂裏的拱門和柱子這些古雅建築藝術形容為斷臂上的石膏，意象精純到點，一針見血地指出教會外強中乾的慘況。第三節「討飯的盤子」說的是信徒聚會時候收取捐獻金的布袋或盤子，它們又叫做「奉獻袋」或「奉獻盤」。詩人指出會衆不願委身，連捐獻也慢吞吞，老大不情願，沒有一點動力，好像豐富的上帝要我們來施捨一樣。這三節清晰生動地刻畫了當代歐洲教會的凋零和無知。

第四節說「教堂的鳴鐘都落入地下了」。「教堂的鳴鐘」原應是教會警世導航的標誌，如今「落入地下」，不再高舉於天地之間，當然也不能夠發人深省了。教會的聲音躲藏起來。只有在信徒真正踐行信仰的情況下，它們才會繼續鳴響：「我們每走一步，它們就響」。但歐洲基督徒已經很少能夠承認和踐行自己的信仰了，特朗斯特羅默對此不無觀察。

在最後一節裏，特朗斯特羅默再度引用聖經。這段經文同樣來自約翰福音，三章 1 至 11 節：

> 有一個法利賽人，名叫尼哥德慕，是猶太人的官。這人夜裏來見耶穌，說：「拉比，我們知道你是由上帝那裏來作師傅的；因為你所行的神蹟，若沒有上帝同在，無人能行。」耶穌回答說：「我實實在在地告訴你，人若不重生，就不能見上帝的國。」尼哥德慕說：「人已經老了，如何能重生呢？豈能再進母腹生出來嗎？」耶穌說：「我實實在在地告訴你，人若不是從水和聖靈生的，就不能進上帝的國。從肉身生的就是肉身；從靈生的就是靈。我說『你們必須重生』，你不要以為希奇。風隨著意思吹，你聽見風的響聲，卻不曉得從哪裏來，往哪裏去；凡從聖靈生的，也是如此。」尼哥德慕問他說：「怎能有這事呢？」耶穌回答說：「你是以色列人的先生，還不明白這事嗎？我實實在在地告訴你，我們所說的是我們知道的；我們所見證的是我們見過的；你們卻不領受我們的見證。」

讀懂了這一段經文，特朗斯特羅默這個作品就不難破譯了。第五節說尼哥德慕是「夢游者」，因為他不敢在白天公開找耶穌（「夜裏來見耶穌」）。他肯定耶穌就是基督，也明知自己可以在耶穌那兒尋求到永生的方法，但他只敢在暗裏承認祂是上帝。英譯本詩中的「地址」(Address)的 A 用大楷寫成，表示特朗斯特羅默以之代表神聖的處所，然而，「誰有那個地址？/ 不知道。但那正是我們要去的地方」，會衆似乎只知道一直往前走，要走到哪兒卻不大清楚。詩人為今日教會的缺乏方向深感痛心。

我自己也是基督徒，也看得見他筆下的現象，但沒有能力把這一切寫成詩；我平時也讀聖經，但從來未能從聖經讀出這許多美麗的圖像和感情，何況用三言兩語就將之消化、重組、藝術化呢？很多詩人的能力都叫我欽佩，特朗斯特羅默的深度與才華，更叫我的靈魂震動。在我眼中，他確實是當今世上最偉大的詩人。如果連他都得不到諾貝爾文學獎，這個獎就不會再有甚麼意義了。快十月了，我會不會再度失望？

16

誠實的靈魂
——讀 R. S. 托馬斯詩作隨筆[1]

潮汐的鐘擺——若即若離

我年輕時接觸過 R. S. 托馬斯的詩。他是用第一流英語寫詩的威爾斯人，任職聖公會牧者，九十年代中期獲諾貝爾文學獎提名，惜最後並未獲獎。他的詩，我當時讀過就忘了，但詩人的名字卻模糊地留了下來。年前隨手翻閱一本英語詩選，又與他重遇。

這次細讀他的作品，感受良多。他很誠實地用詩記錄了自己和上帝的爭論，深刻地描述了個人的信仰和思想，也披露了數十年的創作歷程。如今我不再年輕，面對他發自肺腑的詩句，只覺感動。他是個堅持真誠內省的信徒，字裏行間毫不掩飾他為人詬病的壞脾性，把自己的孤僻、尖刻甚至醜惡悉數注入詩裏。他的作品和他寫作的態度，對我影響至深。

他的誠實，不完全是一種選擇。完美主義、自責的習慣、與上帝的複雜關係，在在要求他向讀者「從實招供」。他與上帝抬槓、理論，對祂發脾氣，甚至向祂使用激將法。目的何在？相信他自己也說不清楚。但這證明了最重要的事實：他極度重視上帝對他的看法。

他聲望甚高，大可單純以「詩人」的身分行走江湖，在倫敦扮演最有藝術細胞的會牧，一方面立足教會、養妻活兒，一方面發表詩作、鞏固文名，在會眾、讀者和「粉絲」(fans)的簇擁下度過一生。他甚至可以扮演最「前衛」的神職人員，把上帝說成人格典範、大小宇宙或個人投射甚麼的，但他知道，一旦如此，他的詩就不可能有真正的價值了，對他來說，這才是無法忍受的終極失敗。可是，一旦決定不說謊，他就得面對自己，坦白承認自己的信心、愛心都薄弱，在上帝面前常常無地自容(「對上帝 / 存疑，卻又膽小得不敢 / 否認祂。」(〈此生〉)。這種「不得不如此」的張力，這種可怕的暴露，誰受得了？托馬斯卻都承受了。為了得到最好的詩，他拒絕喬裝自己，也不敢悖逆真理，他惟一的出路，就是誠實地面對造他的神，皺著眉頭屈膝度過以詩禱告的一生；受造為天才，卻被迫承認個人的愚拙。就好像馬可福音裏為兒子求醫的父親坦白承認「我信不足」，然後「求主幫助」。在這永恒的大弔詭中，只有謙卑能使人突圍而出、得到從上而來的憐憫。但這樣做的代價實在太大——他因此也邀請了所有信徒來評審自己的信仰，而其信仰素質也確實不時顯得稀薄；不過，他還是決定讓世界看見那個並不怎麼可愛的真實的自己。這使他的作品同時充滿了躁動不安的情緒和上帝的榮光。

到最後[2]

剩下的只有：一椅，
一桌，一張牀
我禱告的地方，
還有，撿自海邊，
那白骨磁般交疊的木枝
證明大自然
也信奉十架的聖迹。
一整夜我靠在
一道不太小的窗
要滿天星星框上
比起我摒棄的
市燈，這一窗星光

一點不遙遠。白天
那些路過的，非來
朝聖的人，隔著雨水的
欄柵盯著我，視我為
某種定見的囚徒，儘管我
已重獲自由。緣於
潮汐往復不息的鐘擺定理
如今低潮的心
明天必得漲滿。

這首詩錄在《不與諸怒言和》(*No Truce with the Furies*)一書中。這是他自己編輯的最後一本詩集了，出版時詩人已經八十二歲。這裏所描述的巨大的靈性起伏，即所謂的「潮汐的鐘擺」，也許正是上帝給他佈置的艱難作業。他的一生，似乎都在等待上帝向他直接説話，但好像一直沒有得到甚麼具體的答案。等待中，輕靈的覺醒卻是時刻來訪的。詩人錄入《不因為他帶來了鮮花》(*Not That He Brought Flowers*)、他五十多歲時的作品〈跪禱〉("Kneeling")，[3] 其實早經歷了這樣的開悟：

跪禱

龐大的平靜，那些時刻
石造的教堂裏跪倒
木祭壇前
在夏日，等待那一位上帝
説話；空氣是一座樓梯間
為沉默而設；太陽的光
環括著我，好像我正扮演
偉大的角色。會眾
寂然不動，所有
靈魂蜂擁而前等候著，如同我，
等待信息。
　　　　指示我吧，上帝啊；
可現在還不要。我開口時，
雖是你藉著我
説話，有些東西卻不見了。
真意仍在等待中。

作品中的「環括」（ringing）也有「搖響」的意思，詩人選擇此詞，兩個意思都用上了，前者寫上帝的欣賞，後者寫上帝的引導和提醒。利用多義詞造成刻意的模糊，使文字的意思變得豐富，是托馬斯最常用的藝術手法之一。沒有人知道上帝是不是要讓他的靈性掙扎化為世界上最美的詩句，使讀者在孤獨的時候得到安慰與支援，我們可以肯定的是「真意仍在等待中」的清晰結論，並沒有讓他停止和上帝摔跤；他讚美上帝，也追問上帝，焦急地要知道自己在祂眼中的位置。繼來的詩，有清晰明確的認信，也有連根拔起的懷疑，有時令愛他的讀者不知所措。但它們全都讓我深受感動，教我對上帝的敬畏、驚訝、頌讚和恐懼的情感同時倍增。比〈跪禱〉晚幾年寫成的〈讚美〉（"Praise"），[4] 最為基督徒津津樂道：

我讚美你，因為
你是藝術家，也是
科學家。我正有點
畏懼你的大能，害怕你
拿一把三角尺隨手就行神蹟
那種能力，不意聽見你
自吟自唱一組音符
那是貝多芬夢寐以求

卻從未得手的。
你讓雨水和海波
音階流溢，彈奏
清晨和傍晚那光
的和弦，用明暗來
雕塑，春天到臨時
你一葉接一葉地
把一首巨大詩歌的段落
連合。你能夠説
所有語言卻一種都不説，
只用一朵小花的單純
回答我們最複雜的
祈禱，又在我們只圖私利
要將你馴養的時候，
用顯微鏡下種種叛變的病毒
直接和我們對局。

單從這首詩看，詩人對上帝的主權、大能和藝術品味都有極深刻的認識。他寫了大量信仰詩，許多卻和這首詩所表達的確信大相逕庭，充滿不逮、不滿、憤怒甚至「心死」的情緒。他曾用「大缺席」(The Great Absence)來形容天地的主:「正是這龐大的缺席 / 猶如臨在。它強迫我 / 與它對話,明知它決不會/回答。那是個房間,我走進去 / 從那兒有人剛剛 / 離開。是那個未到的人物 / 將要駕臨時的前廳」(〈不在〉〔"The Absence"〕,原錄於《頻道》〔*Frequencies*〕)。在他心目中,上帝這概念、這位格、這和他對話了一生的惟一對象,不知經歷了多少次的明明滅滅。

如果說詩人的信心猶如潮汐的鐘擺,有時漲滿、有時低落,那麼上帝在向人類彰顯自己的過程中,會不會主動地時而清晰、時而隱祕?會不會故意近在人前、也遠在天邊?聖經說,上帝是信實的,永不打盹,永不改變的,但祂在人心靈工作的時候,難道不曾若即、若離嗎?若即若離的,是祂,還是詩人自己?

門廊[5]

你想知道他的名字嗎?
已經忘了。你想認識
他是怎樣的人嗎?就像
所有人,他長著耳朵

和眼睛。這足夠了吧：
他在一家教堂的門廊，一個冬天的
晚上，月亮初升，霜牙
尖利，他被迫
跪下，毫無理由
就他所知。寒冷撲擊他；
他的呼吸被橫雕直刻
如同墓碑；一隻貓頭鷹尖叫。

他沒有能力禱告。
背向內部
他仰看那個對他全無認識的
宇宙，一動不動地
站了一小時，在這瘦瘦的
門檻上，不在外面，也不再裏面。

我翻譯這首詩時，數度熱淚盈眶。我們難道從沒有過這種被上帝擱在一旁的經驗嗎？那一刻，我們難道從未懷疑過祂是否認識自己嗎？「你想認識／他是怎樣的人嗎？就像／所有人，他長著耳朵／和眼睛。」有時我們的確無法接受這樣的「神聖邏輯」：上帝這麼偉大，我們是誰呢？只不過幾十億人裏面的一個，上帝真的會「個別地」愛我們、與我們一對一地交往嗎？如果上帝不回答，我們又應該怎樣自處呢？

我們能說這個詩人不愛主嗎？世上有多少牧者能夠這樣老老實實地站在星空之下，忍受尖刻的寒風，為主基督的「遙遠」而感到悲憤、傷心呢？這樣的佇候和對峙，難道不正顯明詩人和上帝的關係密切嗎？與其說托馬斯這裏寫的是一個不信者的叛逆，毋寧說他正在向主寄出一首激動的情詩。這首詩告訴我，他的寂寞深不可測，因為那是一種除了上帝就無人能夠明白和對應的寂寞。但上帝在這裏卻沒有說話，祂既接近又遙遠：

若即，若離 [6]

沒有人像你
那麼忙。你歇工
用來休息的第七日
哪兒去了呢？我從
牀上起來就發現
你一整夜在生長。

而白天你總在船上
無窮無盡地航向那無法
把你籠困的圓周。
你無言無語，卻在我裏面
振動著阿們的共鳴。
你以光為弦，裝上
如同思想裝上了神經線
拉起用以發放
思考的音樂。有時候
你是落在我牆壁上的衝動，
別人是看不見的
微生物在轉化，慢慢地
精細地如同物種之變異；
但你永遠遙不可及
一如你近在咫尺，驚嚇
著我，以你的接近
亦如以你光年以外的遙遠。

不知道上帝是不是要他學習信心的功課，托馬斯對上帝的渴慕，常常只得到極少的回響。他太聰明，理性和感性都異常強大，前者常常把他引向那個用邏輯嚴密建構的提問機制，後者卻把他扯回以「關係」來評估一切的感情天地。如果上帝是風箏，那麼對托馬斯來說，祂長時間隱藏在雲朵裏，托馬斯只能通過手上的張力和痛楚去感覺祂無聲的飛翔——藉著那條使他不住受傷的玻璃線。到他快要放棄的時候，雲裏的風箏忽然又露面了，這種疑幻似真的關係卻是迷人的，叫他一生顛簸、迷惘、不服氣、自卑和自責；也叫讀者為此傾倒。在我看來，這正是深深陷在愛戀中的人的表現。

詩人筆下這位不大愛說話的上帝不知曾經讓多少虔誠的信徒傷心欲絕。這令我想起美國《時代周刊》(2007 年 9 月號)的特稿〈她的痛苦〉(“Her Agony”)。這篇文章告訴世人，德蘭修女(Mother Teresa)在她的親筆信中透露，她無法「感知上帝的存在」。生命中最後數十年，她落入深淵一樣的黑暗與靜寂中。但我們也曉得許多屬靈偉人最後都落入類似的靈境。香港基督教週刊《時代論壇》，在二〇〇七年九月十四日刊出以〈德蘭修女被指晚年靈性低落/主教反駁評論者不諳靈性〉為題的報導，節錄如下：

> 《來光照我》一書輯錄了德蘭修女前後超過六十年的書信。《時代周刊》一篇文章指，從德蘭修女晚年的

書信可見她陷入靈性低潮，感受不到神的同在，對信仰感到迷惘和動搖。例如她在其中一封信寫道：「耶穌預備了一份特別的愛給你們。但於我而言，面前卻是極大的寂靜和空虛，我觀望但卻看不見。」

加爾各答大主教薛卡爾（Lucas Sirkar）反駁有關分析，指當一個人愈走進神聖，便愈要跟不神聖掙扎。「不幸地，那些評論者根本不明白靈性和事奉生命是甚麼一回事。」他慨嘆有些人沒有良好的宗教生活，以致未能掌握德蘭修女在信中分享的感受。

德蘭修女和托馬斯活著的時代幾乎完全重疊。德蘭修女生於一九一〇年，托馬斯生於一九一三年；德蘭修女是在一九九七年離開世界的，小她三歲的托馬斯，也在三年後與世長辭，兩人都在八十七歲高齡離開。德蘭修女的標誌是愛，托馬斯的光環是詩。他們都是基督徒，誰愛上帝更多，只有上帝知道。我們只曉得兩人都落入了難以理解的大黑暗之中。下面這個作品，是托馬斯感到自己已經接近死亡的時候寫的：

終局[7]

鼻子流涕，眼睛流淚；時間
流逝，所餘無幾。太遲了
做智者，就讓我做個
勇者吧。他們說，
那兒，就在我們和
光的中間，我們必須
在黑暗中闖蕩，尋找
那個分配給我們
又讓我們拒絕了的自己。

我們將自己弄得
太臃腫？還是把自我
削減至玻璃那樣
都看不見了？
即非瘦薄，也不能說我
是個富人吧。
也許我會滑進那個針孔
在那兒，得救的人

如線穿上。

我已經把駱駝趕走了，
也打發了車子。
如今用腳走路，仍不肯
放下面子坐順風車，
我已然接近那道縫，
打從那裏，我一旦給擠了
進來，也會給擠出去
進入我無法不信任的
他身影的黑暗中。

這首詩是詩人最後的作品之一，死後才由好友收入詩集*Residues*（這原不是個書名，而是托馬斯在最後的日子用來存放他未結集詩稿的紙本，因此不能譯作《遺詩》，姑且暫譯《餘稿》吧）。作品裏提到的黑暗，也許和德蘭修女經歷的一樣，也許不同，是同是異，只有天父知道。詩中用典，如「富人」、「駱駝」、「針孔」、「線」等，都來自福音書裏再熟悉不過的經文（可十25；路十八25）。表面看，托馬斯對自己的得救與否沒有絕對的把握，其實他在說，面對人生，要倚仗智慧；面對死亡，卻得靠賴勇氣。在他最後的年月，托馬斯總結自己的一生，說自己沒有甚麼智慧可言，卻能夠坦然面對死亡，即使須要先經過死蔭幽谷的巨大黑暗，他還是會勇敢地「擠」過「針孔」，把自己交給上帝。「太遲了 / 做智者，就讓我做個 / 勇者吧。」雖然他的許多作品告訴我們，他眼中的上帝對他冷淡，但他從未停止禱告。許多初信的基督徒天天親睹上帝的作為，深受感動而委身事奉，好些屬靈偉人卻愈來愈聽不到上帝的回響。在人類有限的視野裏，上帝的行事方式確實難以掌握。這令我記起曾經親眼看見聖靈降落在基督身上的施洗約翰，最後還是提出心底的問題：「那將要來的是你嗎？還是我們等候別人呢？」（路七 20）這確是缺乏信德的表現；但難道這就讓施洗約翰失節了嗎？我們更清楚記得耶穌基督說過這樣的話：「我實在告訴你們，凡婦人所生的，沒有一個興起來大過施洗約翰的」（太十一 11）。以利亞與我們是一樣性情的人（雅五 17），施洗約翰也一樣。托馬斯雖然不比以上兩位新舊約人物偉大，但他們的「性情」中有疑惑、有憤怒，對上帝同時有深刻的信任，這和詩人則是一樣的。

托馬斯每幾首詩裏，就有一首和信仰有關，而且不少是用「我」向「你」說話的模式寫成的，結合起來閱讀，就是持續一生的大禱告，裏面沒有矯情的歌功頌德，從不掩飾個人對上帝的不滿，也不曾隱藏自己的小信，這對一個牧師來說是非常困難的。他的禱文，無論是質是量，都高得使人吃驚。持續禱告，本身就是信心的標誌，但禱告的部分內容——疑惑、無禮、否定上帝——和這優秀的質量矛盾，叫我這投入的讀者也同時墮入其信心之「潮汐鐘擺」——他到底是不是基督的門徒？我和許多愛他的讀者，都只有從耶穌基督自己的話語裏尋求安慰：「我實在告訴你們，你們若有信心像一粒芥菜種……」

為了證明詩人是怎樣的信徒，好些文章、書本誕生了。威爾斯著名國際哲學家腓力士（D. Z. Phillips）教授的《R. S. 托馬斯——隱藏上帝之詩人》（*R. S. Thomas: Poet of the Hidden God*）就以這一段話作結：

> R. S. 托馬斯退休的時候，他還往坡福．尼戈生活……那地方的名字英文就叫做「地獄的入口」。有報導指他說：「我已經退休了，就活在地獄的入口。」但是，也不要忘記 R. S. 托馬斯說過：「有能身處地獄，是靈性上的一種特權。」在向詩歌朝聖的路途上，詩人向我們指出，通向上帝的路不能繞過十字架上「以羅伊、以羅伊、拉馬撒巴各大尼」的呼喊。[8]

對我來說，再沒有比這一小段話更能概括托馬斯靈性狀態的描述了。

往西走的人——踽踽獨行

詩人全名朗路特・斯圖亞特・托馬斯（Ronald Stuart Thomas），一九一三年生於位於威爾斯東南部的首府卡迪夫（Cardiff），講一口流利高級英語，據說他的發音比英女王還要好。他父親是海員，在他小時長期缺席。托馬斯接受英式教育，不會說威爾斯話，到了壯年才開始學習，惜經過多年努力，仍無法用威爾斯文寫詩（因為相對來說，他的英語實在太棒了），引以為憾。他在大學讀過文學，後來又修完神學課程，一九三七年被按立為聖公會牧師，之後一生就在威爾斯幾個小鄉鎮牧會，直到退休。他在二〇〇〇年離開世界，活了八十七年，一共出版了二十四本詩集（合集、選集除外），收詩作千五；光是 *Collected Poems, 1945~1990*（選集）與 *Collected Later Poems, 1988~2000*（合集）兩本加起來，就錄載了超過六百佳作。

托馬斯選擇一生與文字、自然山水和各種美麗的鳥兒為伍，企圖完全撇棄世務與人情，給擋在他心靈的密室以外的，可能還包括他的妻兒和會眾。從他的詩看，他接待的只有上帝和他自己。前者在那兒佔著那個或暖或冷、或空或滿的王位，因為詩人的智慧與深度讓他感知祂大能的保護，他對上帝的愛，正是魯益師（C. S. Lewis）筆下的「需要之愛」（need love，此詞出自不可錯過的魯益師名作《四種愛》〔*The Four Loves*〕），他是不會讓祂走的；後者在那裏躲藏，因為凡人的自私、自憐和恐懼，實在難以一一與人「分享」，除了「在詩裏」（〈繼耶利哥之役〉〔"After Jericho"〕）。[9] 這一切，迫使內向的他選擇孤獨帶來的安全感。與人交往，可能是他最大的痛苦，人際技巧，正是他致命的弱點。他用了一生的時間向著大西洋走，愈走愈遠離城市，愈走愈深入大自然，愈走愈離不開充滿童年記憶和容不下他人的內心世界。

英國《衞報》（*The Guardian*）及《每日電訊報》（*Daily Telegraph*）撰稿員及傳記作家羅傑斯（Byron Rogers）於二〇〇七年出版《往西走的人——R. S. 托馬斯的一生》（*The Man Who Went into the West: The Life of R. S. Thomas*），訪問了許多托馬斯的親人（包括他的獨生兒子）、第二任妻子、會眾、舊友、鄰居和同行（詩人、文化界），企圖重組這位詩人的生命景觀。這本書的筆觸略帶偏見（我的意思是作者和他的訪問對象好像都不大喜歡托馬斯），記錄傾向瑣碎，但看得出來，羅傑斯已極力避免做明顯的判斷，只選擇性地引錄其小量作品為論據，因此其宏圖建構並不圓滿，對托馬斯信仰方面的探討尤其缺乏深度。但整體來說，要認識托馬斯，那是不可或缺的著作。它在某幾方面抓住了托馬斯給人的感覺——難以了解、難以造像、也難以相處。但傳記終歸只是傳記，不詳細了解托馬斯的信仰詩，幾乎沒有認識他的可能。他總給我一種「迷失」的感覺，相信沒有多少人有耐性去「找」他，「找得到」他的更少。

迷失聖誕[10]

他一個人，那是聖誕節。
三棵樹往山上走，三位君王。
還有一顆星懸掛在
黑暗的馬槽上。但聖嬰呢？

可憐他吧。他像那些樹
遠道而來，他要和它們比
耐性。但漫漫長路，頭腦
啓程比他早。馬槽空著。

這首詩裏的「他」真有點耐人尋味。「他」指的只是詩人自己嗎？是他，卻不只是他。「他」是詩人，是人類，是每一個和基督擦身而過的人。第二節的「頭腦」是「理性」的借代詞，也是基督徒常用詞彙。有人說，光用「頭腦」(邏輯、科學)尋找上帝，是不會遇上祂的。從歷史老遠走過來，人一直由「頭腦」領路，不肯用「心靈」去感受上帝，因此人沒法看見基督，「馬槽空著」。

再細讀幾遍，這首詩的豐富層次會逐一浮現。把「他」解讀成上帝，這個作品的情感就更見深刻了。上帝從天上來到人間(「遠道而來」)；祂耐心等候人類重新認識祂，等了很久。但「頭腦 / 啓程比他早」，理性思維獨大，霸道地登上人類歷史的舞台，扮演主角，人把「頭腦」奉為神明，日夜膜拜。這樣理解，這個短短的作品遂有更深刻的意義。人類師心自用，仰仗科技、且以之為救主，又怎會在卑微的馬槽裏找到基督呢？「馬槽空著」最後成了這首詩強而有力的結語。「科技世界」企圖取代上帝，成為祭壇香火的奉獻對象，一度為人類帶來虛幻的希望。在不信上帝的人眼中，歷史上所有神蹟加起來還比不上抗生素的面世；耶穌基督的降生、受死和復活，不過病牀旁邊一本兒童故事書。托馬斯對人類這種膚淺和自大非常反感，在許多詩中都指出這個所謂「新世界」的無能和脆弱，但他的聲音孤獨而微小，像個乞丐：

流浪漢 [11]

門給敲響
他站在那裏，一個
流浪漢，持著他的罐子
問我要一點茶，
這茶太烈了，對一個
可憐的上路人——要往哪兒？

他看著雙腳，
我仰望天空；
我們上面，飛機建構著
我們指著起誓的
這新世界
那些移動的橫樑。

我睡我的牀，
他睡他的老鋪，
溝渠裏的枯葉堆。
我的夢啊惴惴不寧；

他的夢都豐盈？

若說我醒時還早，

他醒時已成冰。

我在新詩創作課以這首詩為教材，解釋了作品的字面意思，交代了幾個歧義句，就請學生指出其主題。同學大多認為這首詩說的是貧富懸殊現象。我說：「再想想——如果只表達了這麼一個尋常的意見（不希望看見貧富懸殊），詩人就不是舉世聞名的托馬斯了。」學生面面相覷，認為這麼短的作品不可能再有甚麼深意了。我請他們再細讀第二節。他們把這六行理解為「無奈問天」、「貧者自卑，富人自大」、「指天發誓」等意思。其實，只要多讀一點托馬斯的作品，必定知道他正在生氣，他對這個所謂「科技新世界」是非常反感的。最後我告訴同學，「貧富懸殊」只是個論據，不是主旨。托馬斯提出的問題是：「如果以科技建構（以飛機的無形航道作標識）的新世界就是我們指著起誓的絕對真理，為甚麼走進了太空的我們還處處看見貧富懸殊這種可悲的現象呢？」在古代中國，我們指著起誓的是有位格的「天」；在西方則是上帝。兩者都是客觀存在的、全知的、全善的、全能且必定施行報應的「那一位」。但今天，我們活在否定絕對真理的後現代世界裏，可以指著誰起誓呢？「橫樑」

是房子的重要結構，沒有「橫樑」是會「移動」的，否則房子必定塌下來。但是，今天相信上帝或真理的存在，是會讓人（包括最「理性」的學術界）笑話的。托馬斯卻公然挑戰這籠罩全球的龐大理念體系：「若說我醒時還早，/ 他醒時已成冰。」他哀嘆個人覺醒衍生的力量太小，無法改變事實；「可憐的上路人」（poor man，亦可解作「窮人」）就在我們眼前走向死亡。

這首詩裏的兩個人，都是孤獨的。「流浪漢」持著他的罐子，「他的」一詞，可圈可點。那個「罐子」大概只是個失去了內容的罐頭，卻已經是「他的」一切財產，其貧窮、空洞可以想見。將死的流浪漢，擁有甚麼？施茶的開門人，又擁有甚麼？他們的寂寞卻是不同的——前者為現世所棄，無人關顧；後者從今生覺醒，無人認同，二者同樣與這個物質主導的科技世界格格不入。

經過十幾分鐘的討論，教室裏的每一個青年人都深深為這首短詩感動。托馬斯之所以是托馬斯，不光因為他的強大智慧和超凡詩藝，更因為他的一個人站在那裏向科技大流說「不」的勇氣。有人認為他是傻瓜，活了五分四個二十世紀（他於二〇〇〇年離世），他家裏竟然沒有電暖爐和電冰箱，就連用電話都覺得罪過：

打電話[12]

電話就是分辨
善惡樹上面
的果子。我們可以聯絡
所有人，除了神。

那樣做就是斷言
祂遠在天邊。撥出
零，無寧就是
否定祂的存在。

許多許多次我拿起了
話筒，細聽
那討好的語音，科技誘人的
嬌吟：而誘惑

已然來到，慫恿我
以身試法，要把我推出
這種所謂溫順的圓周邊上

推進那神聖的咆吼裏。

這首詩的詩題〈打電話〉（“Calling”）也可以翻成「召喚」，前者寫實，後者暗示科技對人的誘惑。第四節「以身試法」中的「法」字，原文為“code”，可以理解為「符碼」，也可以譯作「法典」（上帝的誡命）；最後一行中的「推進」，原文為“put me through”，也可以指搭通了電話。托馬斯就是這樣，英語用得出神入化，詩句常常具有實指和虛指的兩重意思。就好像我們熟悉的〈登鸛雀樓〉（唐人王之渙五絕）一樣。這首詩只有四行：「白日依山盡，黃河入海流。欲窮千里目，更上一層樓」。後面兩句，為甚麼能夠成為千古傳誦的唐詩金句？第一，因為這是寫實的，合乎物理原則，準確而美。第二，因為它們提出了一種高層次的哲思，把詩歌從純粹的美學範疇提升到哲學層面，簡單說，這兩行寫得美而具備內涵。第三，因為對仗工整，二句焊接得天衣無縫，是沒有瑕疵的流水對，語言難度極大。這些優點，托馬斯的詩也具備。王之渙傳世的作品不多；就質而論，托馬斯和王之渙的名著都非常高明，就量而言，托馬斯更優勝。

〈打電話〉設景於伊甸園，「電話就是分辨 / 善惡樹上面 / 的果子」。聽筒裏面的電流聲（被詩人描述為不正經的女子「誘人的／嬌吟」）竟成為夏娃的溫言軟語了。這裏說他抵受不了電話的誘惑，快要把上帝惹怒了。其實，他拒絕科技世界，言行一致，且為此付出了沉重的代價，他和他的家人因此忍受了生活上種種的不方便和冬天的嚴寒。威爾斯人逐漸離開農業社會，向英格蘭、歐洲甚至全世界提供一流旅遊享受，經濟大有發展，這使托馬斯感到痛心、厭惡；威爾斯人也因此視拚命擁抱大自然的托馬斯為古怪老頭。他一生沒多少朋友。

《往西走的人》裏面有這樣的記載：托馬斯每天八點吃過早點就躲起來讀書、寫作，下午獨自上山走路、觀鳥（所以詩人的身體一直很健康），晚上才去看望會眾（大多是病人），幾十年如一日，其他事務卻不大理會。一次主持喪禮，禮成，還未跟喪家說過甚麼安慰的話就跳過一堵牆逃跑了。這當然不是一個好牧師應有的行為——托馬斯似乎沒立志成為上帝最優秀的僕人，卻矢志寫最好的詩。他平靜的日常生活，和當中大量的閱讀、寫作、默想時間，一定教忙個不停的香港牧者和創作人非常嚮往。但他這種分秒不差的生活規律，這種不為任何引誘動搖的意志，這強大而排他的內心世界，卻不見得是親人的福氣。他的自我，說不清是優點還是遺憾。《往西走的人》第一章就敘述了這樣一件奇事：一九七七年五月，一位主修英文的劍橋大學三年級女生（後來她成為托馬斯獨子該迪安〔Gwydion〕

的第二任太太，之後又和他離了婚）在靜寂的畢業考場裏打開文評課的試卷，嚇了一跳。上面要求一眾考生分析的文本，竟然是她同居男友的父親（就是托馬斯）的作品〈結婚紀念日〉。那一家人，對她來說實在太熟悉了：

結婚紀念日[13]

十九年了
在同一屋頂下
吃著我們的麵包，
使用著同一室空氣；
嘆息，有人嘆息的話，
迎接對方的
話語，用融化
疑惑的眼神。

十九年了
分享著生命的宴席，
不先開口說
這一餐吃得太久長

我們周全地把它
平衡在舌尖上，
小心翼翼地維護那
精確的味蕾。

十九年了
家居清簡，
向朋友和陌生人
打開家門；
打開子宮
溫柔地接進來
那個怎樣都吃不飽的
惟一的孩子。

這首詩是托馬斯送給第一任妻子艾爾絲·艾爾德勒特蕖（Elsi Eldridge）的結婚週年紀念日禮物。經歷了將近二十年的婚姻，他和妻子之間的關係，似乎已經到達老夫老妻沉默無言的平衡狀態。為了照顧彼此的感受，他們「周全地把它／平衡在舌尖上，／小心翼翼地維護那／精確的味蕾」，就是寧不說話，也不要說錯話。對托馬斯沒有好感的同期著名英國詩人拉金有一首名作，叫做〈牀上談話〉（"Talking in Bed"），也提到夫妻間的關係——兩人躺在牀上聊天，彼此若說真話，就會傷害對方；若說假話，就沒有意思了，一般夫妻愈來愈不說話，大概就是這個緣故。這首詩也是非常動人的。相愛要求空間，言語須要挑選著來聽，古怪習慣須要包容。保育一段關係，不能說有了愛情就可以全無缺欠，誰都知道這是不可能的。托馬斯和妻子都珍惜這段婚姻：「不先開口說 / 這一餐吃得太久長 / 我們周全地把它 / 平衡在舌尖上，/ 小心翼翼地維護那 / 精確的味蕾。」托馬斯把婚姻裏的親密、默契和疲累都刻畫出來了。鍾茂華甚至認為「那個怎樣都吃不飽的 / 惟一的孩子」寫的不是他們的兒子，而是夫妻的「關係」，因為只有這樣，這個「孩子」才會是「怎也吃不飽」（with his huge hunger）的。

《往西走的人》多處暗示托馬斯不懂得怎樣愛他的妻子，兒子對此怨恨尤深。不過艾爾絲在和他結婚半世紀後離開世界，托馬斯還不時寫情詩給她。聽說他當時的新情人比媞（「Betty」其後成了他的第二任妻子）還為此發過脾氣，她要托馬斯把下列一詩的稿費全給她，以作補償，[14] 我讀著這樣的故事，真是忍俊不禁。我若是艾爾絲，得到丈夫這樣的情詩，也真是死而無憾了；反之，如果我是比媞，區區一百英鎊的稿費，又可以補償甚麼呢？讓比媞這位老婆婆妒火中燒的這首抒情詩，被羅傑斯譽為「英文詩裏最精緻可愛的作品之一」，它說明了托馬斯深深愛著艾爾絲，這份感情，連死亡和新情人都無法阻擋：

一段婚姻[15]

我們在
　　鳥聲的陣雨下
相遇。
　　五十年過去了，
在這被世間約束著的
　　世界裏，愛情
不過一剎那。
　　她很年輕，
我吻她
　　閉著眼睛，張開
在她的皺紋上。
　　「來吧，」死亡說，
選上了她
　　作他的舞伴
跳最後的舞。而她，

　　一生都以
小鳥的從容
　　做每一件事的她，
如今打開她的鳥喙
　　讓那一聲
輕如鳥羽的
　　嘆息滑落。

寫這首詩時，喪妻不久的托馬斯已經與比媞同居（這與寫《槐圓夢憶》懷念亡妻卻另娶他人的梁實秋，可謂如出一轍。我一廂情願地覺得這一類感性的男人喪妻時其實是非常傷心的，若不馬上另行發展關係，他們實在無法面對這種哀痛）。不過，雖然這兩位老人家已經住在一起，托馬斯到底還是活在比媞看不見的、他自己的世界裏。艾爾絲依舊是他惟一的、真正的愛。就這首詩，羅傑斯說托馬斯「與上帝交手這許多年了，他有能回應和了解『不存在』（即「缺席者」，指上帝和已經離世的艾爾絲）」。我總認為羅傑斯不完全明白托馬斯對上帝和艾爾絲的深刻感情。

有「威爾斯惡人」壞名聲的托馬斯脾氣古怪、不好親近，連獨生兒子也坦言不喜歡他，說他是個「演員」，直指托馬斯為人虛僞，最要不得的是他曾經要求配偶犧牲自己的事業。艾爾絲原是個薄有名氣的畫家，卻因為要讓托馬斯成為偉大的詩人而放棄了繪畫。這一切可能都是真的，成了大家話題，卻不是因為這有甚麼新鮮之處，自我中心和壞脾氣的男人，不是到處都有嗎？因為托馬斯是著名詩人，又是神職人員，許多好事之徒的視覺焦點就落在他的私生活上，例如他是否與太太睡在同一個房間裏，他們還有沒有性關係等等，都成了閒話。

不過，只要細心想想，這部書的紀錄若全部屬實，那麼說他是「演員」的人（主要是他的兒子）就難免自打嘴巴了。假若托馬斯真的是個「演員」，他大概會花更多時間去「演戲」，或在會眾中間發展人際關係，或遷往大城市牧會，好有更多時間於文化圈子活動活動，以增加名氣。許多人喜以「人羣」為家，在熱鬧的場合中鑽來鑽去，才覺得安全。生性內向的托馬斯則一生在西部（威爾斯在英國的西面）山區的小村落過日子，幾十年來斷斷續續地往西面遷移，尋找他心目中完美的威爾斯，直至回到他童年時生活過的海邊。他每走一步，就離開孕育名聲的大都會更遠一點。

你和我們一起來嗎？

在通往以馬忤斯的路上

你看起來會一直往前
走，他們求你時你卻留下了。

在另一條路上那是我們
要繼續前行，但你説
「留下來」，你與未來同步
那不容逾越的前途

這首詩選自《回響姍姍來遲》(*The Echoes Return Slow*，這本書由六十個沒有名字的單位組成，每個單位包括一篇百來字的散文和一首短詩，是一本形式獨特的自傳)。這首詩中的「你」，明顯是耶穌基督。首節典出路加福音二十四章 13 至 35 節。信徒大都讀過這段經文：耶穌基督復活後，兩個門徒跟祂走了一整天路，聽祂講聖經聽得投入，就邀請祂和他們住下，耶穌基督答應了。門徒到了吃晚飯時才把老師認出來。第二節寫的那一對門徒，則指托馬斯和他的家人。《回響姍姍來遲》裏同一個單位的短文，記述了他們慢慢往威爾斯西部遷移的過程。詩人認為耶穌一直掌管著他回歸的步伐，不容許他們走得太快。因為「未來」的定義本身就是「不容逾越的前途」。

人的意志，無論是強是弱，數十年後驀然回首，宏圖乍現，上帝的筆觸從模糊變成清晰，裏面的每一個細節，都是這幅大畫中重要的部分。但過程中，我們大都看不清楚那位一直走在身旁的上帝。

歸途（或譯〈回轉〉）[16]

回家就是回到：
那涼涼的青草裏白色的小屋
包在影子的薄膜裏，明亮的
一帶小溪是它的鏡子；

而炊煙從屋頂上長起來了
升到高樹的枝子上，它們中間
最早亮起的星星翻新著它們的主題
説著時間與死亡與一個男人的盟誓。

家在哪裏呢？對托馬斯來説，就在他離開城市、人羣和高科技的那往西的路上。無法不如此——他的心決意領著他走向詩，走向上帝，走向大自然；也走向原始、自由和不受閒人干擾的生活，走向安靜和善解人意的艾爾絲。你可以把這看作宿命，也可以視之為恩典。演員可以演一時之戲，但決不能把一生設景於自己厭煩的舞台上；因此，在我眼裏，托馬斯不可能是演員，讀他的詩，更會明白他是個非常忠於自己的人，因為在生活中不能說透的話，他在詩裏都盡量補充了。雖然我也覺得他自私、小器、不理會別人的感受，但他絕非虛偽。可能因為他的身分是牧師，大家對他的性格有過高的期望，才造成這種誤會。

托馬斯一直渴望被人了解，卻因為思想層次太高，被迫孤身上路；有時因無法把自己澎湃的感情套入理智的韁繩而感到懊惱、甚至內疚；他熱愛威爾斯文化，卻接受了純英格蘭式教育，終其一生只能用「他族」的語言來寫詩，徒有愛國情懷，卻得屈從於外語，這種張力也帶給他無盡的折磨、終生的遺憾；他酷愛大自然，看著美若天堂的威爾斯為旅遊經濟折腰、向生活科技屈膝，自然滿腔怨怒；他深愛自己的兒子，卻無法得到他的認同和友誼，難免心痛如絞；他也嘗試重整會眾的價值觀，卻徒勞無功，反惹來譏笑，孤單遂亦成了他許多作品的主調。但這一切都不是他痛苦的主因。主因是他最重視也最渴慕的上帝。祂好像一直遠遠避著他。神學訓練未能讓他向自己事奉的對象走近一步，他深深感到遭神遺棄。這才是最教他悲痛欲絕的。這一切，雖然帶來了龐大的孤寂，卻成就了他作品的深刻和豐富。

文字的神蹟——野地榮名

踽踽獨行八十七年，這孤獨的人生，到底是上帝的賞賜，還是他的懲罰？是托馬斯私心所好，還是詩人的性格使然？是因驕傲而產生的自我中心，還是因深度而經歷的四野無人？都不好論斷。我只曉得，他的寂寞和他的好詩緊緊聯結，而這，大概也是許多偉大詩人的處境。且讓我們回到一千多年前的那個唐代的晚上，讓另一位寂寞歌者的嘆息與托馬斯的感受隔著時空溫柔共振：

細草微風岸，
危檣獨夜舟。
星垂平野闊，
月湧大江流。
名豈文章著，
官應老病休。
飄飄何所似，
天地一沙鷗。

——杜甫〈旅夜書懷〉

「天地一沙鷗」的長途飛行也許不是詩人的選擇，卻是他的堅持。幾乎每個傑出的詩人都聽過別人批評他的詩風已經「定型」。這個貶詞的殺傷力實在不小，不知讓多少天才橫溢的文學作家忽然站定在康莊大道的中央，迷惘失措，好些更忽然轉入雜草叢生的險境，進退失據；回到正途上的時候，早已年華老去、遍體鱗傷。其實，詩人的成長路向，只能隨著他獨特的人生地勢和成熟季節來改換，焦急是沒有用的。追趕短暫的文學時裝而揚棄個人氣質，只會帶來徹底的失敗。「前途」確實是「不容逾越」的。托馬斯比誰都明白這一點。

尋索[17]

搬遷不過移往自己的
邊界。還是留在這裏吧，
我說，讓地平線保持
清晰。最好的旅程是向著
裏面走的。那呼喚我的是
內心。艾略特聽見了。
華茲華斯從北方的大山掉頭
走向他自己的思想

之崖，縱身躍下
為那些滯留在不毛的
懸岩上的詩。

對一些人來説
那是漆黑一片；在我，亦無兩樣，
那是黑暗。但那兒有一些手我
可以拉著，有一些比外間的
回響更實在的聲音
可聽。有時，一道奇異的亮光
臨照，比月色更純潔，
光中無暗影，那是
為真理犧牲的先驅
骨頭上的光輪。

這首詩是他作品中比較易懂的，表面看來不須特別解讀。可是，若肯細細咀嚼，我們還是無法不提出下列問題：「搬遷」是甚麼意思呢？為何在英國無數的大詩人當中，詩人只提起兩位？「為真理犧牲的先驅」句中所説的，到底獨指詩人，還是泛指為真理而活、又為真理而死的英雄？是誰在黑暗中拉著托馬斯的手、引導他往前走？「比外間的 / 回響更實在的聲音」中的

「回響」指的又是甚麼呢？

若從最後一條問題開始「尋索」，我們或能找到打開這個作品主題的鑰匙。「回響」來自「外間」，大概是「別人」的聲音、「別人」對他的看法，甚至只是一些毫無意義的指指點點。若拿獲提名的兩位大詩人的作品與托馬斯的連結著閱讀，我們或會想到「為真理犧牲的先驅」說的可能就是向內心回溯、尋求真理的詩人。這兩位都是劃時代的英國詩人，華茲華斯（William Wordsworth）是浪漫派高手，感情泉眼長久湧溢、從作者到讀者暢通無阻；艾略特（T. S. Eliot）則是寓哲理於詩行的大師，以深刻精準見稱於世。兩人都是國際知名的文學天狼，代表著英詩不同的階段、面貌和思想幅度，擁有獨特的文風和聞名於世的屬靈氣質。這樣說來，托馬斯之不肯「搬遷」，是有理由的。因為「搬遷」就是離開自己的風格和信仰、為他人的「回響」改變自己的創作模式。他認為只有避免營營役役地到處「搬遷」，個人的視野才不會受干擾，「讓地平線保持／清晰」，才可以無礙地看見偉大先驅的身影；只有往個人的內心「尋索」，才能夠在黑暗中拉得住他們引路的手，才看得見他們指向的「真理」的亮光。

托馬斯以「潮汐的鐘擺」來形容自己的屬靈生命。讀他的詩集，你會發覺他對上帝的信心呈現相應的起落。但他對自己作品的水平，似有較大的把握。從他的生活節奏看，他從來不像某些一天到晚光知道交際、豪飲的作家，只靠一時的激情來寫作；這些人一旦沒有靈感，就寫不出詩來了。他卻長年累月地閱讀和練習；有一流的語言能力、精深純正的學養和安靜的創作環境作後盾，他的詩愈寫愈好。八十歲以後，詩藝依然屢創高峯，實在教人羨慕。

相對來說，他四十歲以前聲望不算高。在《往西走的人》的〈前言〉裏，羅傑斯告訴我們，托馬斯到了四十二歲，才有機會在倫敦出版詩集《歲晚之歌》(*Song at the Year's Turning*)。[18] 因為倫敦文化界不大認識他，出版社還特地請來了當時頗有名望的建築美學家和詩人貝特哲曼(John Betjeman)為他寫序。貝特哲曼在書序中這樣預言：「有人拿我這個『名字』來向更廣大的讀者介紹這位傑出的詩人(指托馬斯)，但它很快就會被忘記，反之，R. S. 托馬斯的文名卻要長存不朽。」(頁6)不知是幸是不幸，作為藝術家，托馬斯今天的名氣確實比眼光獨到、心胸廣闊的貝特哲曼更大。

製造者[19]

那時他說：我會製造那首詩，

馬上就製造。他找來鉛筆，
腦袋的彈藥，和白紙，
操練他的思想成為慢板

血之鼓聲那節奏：那裏，它在白色的
平面上形成，操起軍步
穿越時間挺進，同時，精疲力竭的諸城
和乾枯的心在其流風下冒煙

這首詩描述的，正是寫詩的過程。說寫就寫，不依仗神出鬼沒的「靈感」，正是所有優秀作家的寫作模式。沒有人相信托爾斯泰（Lev Tolstoy）或陶潛的作品是在「望天打卦」的情況下忽然冒出來的。這首詩裏，托馬斯以各種軍事意象，表達了幾個重要的創作觀念。第一，創作是操練，不是衝動，詩人須要自律地練習，且必須調控表達的行速（「操練他的思想成為慢板」）；第二，創作是個人生命的投入（「血之鼓聲」）；第三，創作使人永恆，「諸城」會因「精疲力竭」而敗亡，權力和財富會湮滅，詩卻要長存。這首詩用喻統一，力量強大，一說到創作，在上帝面前憂傷易碎的托馬斯，馬上變成所向無敵的大將軍了。

不過，托馬斯也不是狂妄自大、看不起同行的作家，他對其他詩人的成就，也非常肯定：

墓碑[20]

我與我的詩摔倒，險些兒
蹪在那裏。許多次了
我這樣，傷害自己的尊嚴
多於錢包。耐心的

大地啊，用我們的骨頭
建你房子的時候，保留我的
這些，讓我的尊嚴
藉著更好的詩人得到修補

這首詩錄在《餘稿》之中，是他後期作品羣中最令人難忘的佳作之一。我聽過一些牧者說，將來安息主懷，希望天父會稱他為「又忠心又良善的僕人」。如果要我為這樣的牧者立碑，我自然就會把這一行經文刻在碑石上。但托馬斯這位牧師實在太特別了。他早就在自己的墓碑上髹上了詩的玫瑰色。但「摔倒」、「躓在那裏」、「傷害……尊嚴」、期待「修補」是甚麼意思呢？似乎實有所指。是這段時間內的最大挫敗——失手於諾貝爾獎嗎？是知道自己時日無多，詩寫得還不盡如人意，為此一時感觸呢？無論如何，這首詩在神在人面前都承認了：托馬斯自覺的第一身分不是牧師，而是詩人，卻是不夠好的詩人，但他仍希望能夠留名於世、位列「詩」班（「大地啊，用我們的骨頭 / 建你房子的時候，保留我的 / 這些」），卻又怕有負詩人之名。有時候，他老實得可恨也可愛。

上帝會怎樣處理這種偏離忠心的忠誠呢？這是個複雜的問題。我個人相信上帝看人的「事奉」，與中國信徒的觀感不大相同。我們無法知道祂把甚麼任務交了給托馬斯，也不曉得托馬斯有沒有失職，但從讀者的角度看，他的作品確實已經「一葉接一葉地 / 把一首巨大詩歌的段落 / 連合」（〈讚美〉）成為龐大的禱文。這些本來用來讚美上帝的詩句，竟然可以同樣應用在他自己的身上，真是再奇妙也沒有了。托馬斯似乎也知道這是個奇迹：

繼耶利哥之役[21]

現實來犯

無法抗拒，
除非在詩裏，詩對抗語言
用語言自己的工具。微笑吧，詩人，

你站在詞彙廢墟的中央
向它們把你的號角吹響。
那些是強徵入伍的軍隊，而你的文字
每一個，都是志願兵將。

這首詩頗難解讀，我只能這樣猜想：托馬斯認為「現實」是生命中強大得無法抵抗的對手，只有「在詩裏」才能應付。但「詩」在和「現實」爭戰的同時，仍得面對另一敵人，而那更是個內奸：語言。詩人可謂裏外受敵。詩用語言寫成，卻不願受語言的轄制；詩的養分來自現實，現實卻與詩爭奪詩人生命的空間。這裏表達了幾種微妙的關係。要明白托馬斯這首詩所描述的「勝利」，須有充分的人生經驗和創作實踐。只有真正的詩人知道，創作的最大朋友和敵人，都是語言。愈優秀、愈成熟的語言，愈有能力把詩的質素往下扯。但是，沒有好的語言，也絕對不能成就好詩。

詩人提出的這些問題都不難掌握，令人最驚訝的還是詩題。作品叫做〈繼耶利哥之役〉，表面上題目與內容毫不相干；仔細看，它原來已經畫龍點睛地指出了創作本質——詩是神蹟，來自上帝；就好像攻陷耶利哥城之役，完全是上帝大能的作為（書六 1～20），當年的以色列人只是容許參與、觀看的蒙福羣族；同樣地，詩人也不過是演繹那一首「大詩」（〈讚美〉）的歌詠團裏其中一個有福的歌者。托馬斯以此為詩題，含蓄地表達了「只有上帝能夠成就詩」的看法。藉著這首詩，我們明白了〈製造者〉中湧溢的自信的來源。托馬斯深深曉得，上帝已經揀選了他、呼召了他，且已把他訓練為調遣文字的勇將。因此，從托馬斯的自豪、自信裏，我們也看到了他的感謝和謙卑。他知道，詩就是上帝送給他的那朵「花」：

花[22]

我祈求豐盛。
你給我大地，海洋，
　　　　遼闊天空的
無盡、無窮。我看著這一切
學會了，我要得到它們
　　　　必須先撤退。我送上眼睛

和耳朵，處身於
沒有聲音的黑暗裏，
你的凝視
那影蔭中。
靈魂
在我裏面成長，它的馨香
充滿我。
人們到來
從四方
八面來聽我述說
我坐著時身邊那朵隱藏的
花，它的根不在
泥土裏，花瓣也沒有寬廣
大海的顏色；那花
自成品種，頂戴著
自己的天空，注滿了你去時、來時
射出的彩虹。

這個作品裏有「你」、有「我」、有「花」；分別就是有「上帝」、「詩人」和「詩」。詩人祈求「豐盛」，上帝就給他「大地，海洋，/ 遼闊天空的 / 無盡、無窮」，大自然的美景和廣闊眼界，但這一切卻不可以通過「擁有」的念頭來獲得：「我要得到它們 / 必須先撤退」，只有這樣，我們才能夠真正享受它們。這個作品點出的「放手」意識，和〈繼耶利哥之役〉是一樣的——詩的根源不在人間（「它的根不在 / 泥土裏」），詩是心靈的產物，獨立於現實世界（「頂戴著 / 自己的天空」），而且充滿了上帝的大美（「注滿了你去時、來時 / 射出的彩虹」）。托馬斯知道自己每一個作品的感動來自何處，也明白要把榮耀歸還給誰。從這個角度看，〈墓碑〉所表達的不逮，原來也可以理解為一種把自己完全交還上帝的信賴。

托馬斯的詩觀，建基於藝術的實踐，也表彰了信仰的形質，基督徒寫作人最有共鳴。我讀他的作品，只覺得如痴如醉，卻分不清是傷心、是興奮還是同病相憐；他鍛練詩藝，卻未曾受制於技巧；他面對真實的人生，不斷打開自己，努力進入文學和信仰交疊的靈境，在上帝面前說最老實的話。他的詩語言簡樸，意象精良而富於想像力，但他不誇張，也不賣弄，只讓生命的愛與劇痛在筆尖沉澱成作品。在同行的嫉妒和嘲笑聲中，他的身影愈來愈高大，因為天天與他爭論的上帝如今把他的詩變成了龐大的文學見證。

結語

寫詩的人，本已有點遺世獨立、孤芳自賞的傾向。托馬斯的牧者身分、山野生涯和驚世才華，更為他的一生添上了幾分神祕。但是，他並沒有利用這種神祕去誇張個人的優勢或爭取地上的榮名，反用作品清清楚楚地把自己的負面形象暴露人前。對我來說，這就是誠實，這就是智慧。這首叫做〈此生〉的作品，對我衝擊不淺，我希望用它來做這篇隨筆的結語：

此生[23]

年紀大；恐懼多，勇氣
少。在愛的學校裏，班上
排名榜末；時間的理由
因太久遠而難以知曉。
善於跪倒，直筆筆地
向瑣碎的引誘投降。
嘴巴讓未經大腦的
思想逃脱。有兩個人
相好，他就是那給丟棄的
第三個。一個給鏡子

後面那些竊竊私語的人
折磨著的水仙子。只有他
自以為眼光遠大，看得見天
外之天。對上帝
存疑，卻又膽小得不敢
否認祂。散文庸陋
恥辱襲來，他躲進詩裏藏拙
以保存面子。一個憑良心
向生命抗議的人，對死亡的
統戰絕不讓步
卻無法不自動報到。

我是這麼喜歡托馬斯的詩，喜歡到一個程度，曾經暑假親自跑到威爾斯去觸摸他筆下的山水和天空。他教會了我，坦誠地張開自己的靈魂，就是最高的詩藝。我們因此所承受的傷害，或能重建讀者破碎的人生。有一天，托馬斯和我們要在天父面前相敍。此刻，且讓我好好學習他的真摯，先尋回自己流落在各種文學謊言裏面的「此生」。

本文參考書目，見延伸閱讀書目。

註釋

1 翻滾的衝動——讀麥樹堅的散文〈泥艋〉

1 麥樹堅：《絢光細瀧》，香港：匯智出版有限公司，2016。

2 回憶的收集與鋪展——陳錦德錦筆下的香港情懷

1 陳德錦：《登山集》，香港：山邊社，1986。
2 陳德錦：《愛島的人》，香港：新穗出版社，1994。
3 陳德錦：《疑問》，香港：匯智出版有限公司，2004。
4 陳德錦：《盛開的桃金孃》，香港：匯智出版有限公司，2006。
5 鍾偉民：《花渡》，香港：皇冠出版社，2007。
6 原載《香港文學》2005 年 4 月第 244 期。
7 原載《香港作家》2006 年 8 月第 4 期。
8 收錄於散文集《登山集》。
9 收錄於詩集《疑問》。
10 收錄於散文集《登山集》。
11 陳德錦：《身外物》，香港：新穗出版社，2006。
12 收錄於《愛島的人》。
13 原載《香港作家》2007 年 5 月第 3 期。
14 原載於《大公報》文學版，2006 年 7 月 16 日。

3 詩人也要過日子——香港新詩裏的衣食住行

1 選自樊善標詩歌散文集《力學》，香港：振然出版社，1999。
2 節錄，選自梁秉鈞詩集《雷聲與蟬鳴》，香港：大拇指半月刊，1978。
3 二〇〇八年一月二十八日出版的美國《時代周刊》(*Time*)以紐約．倫敦．香港(Ny.lon.kong)為「封面人物」，指出這分別位於北美、歐洲和亞洲的大都會在世界上舉足輕重的政經地位。
4 選自黃燦然主編之新詩選集《香港新詩名篇》，香港：天地圖書，2007。
5 節錄，選自黃燦然主編之《香港新詩名篇》。
6 節錄，選自王麗瓊等編之《港大．詩．人》，香港：商務印書館，2007。
7 選自葉輝、關夢南主編之新詩選集《香港新詩選讀》，香港：風雅出版社，2002。
8 選自鍾國強詩集《生長的房子》，香港：青文書屋，2004。
9 收錄於關夢南詩集《關夢南詩集》，香港：風雅出版社，2001。
10 收錄於何福仁詩集《飛行的禱告》，香港：素葉出版社，2007。
11 選自葉輝、關夢南主編之《香港新詩選讀》。
12 節錄，選自王良和詩選《尚未誕生》，香港：東岸書店，1999。
13 選自胡燕青詩集《攀緣之歌》，香港：基督教文藝出版社，2000。
14 節錄，選自梁秉鈞詩集《疏菜的政治》，香港：牛津大學出版社，2006。這作品是為二〇〇〇年底文化博物館開幕而寫，並於開幕時朗讀出來。
15 節錄，選自溫明詩集《青山粉絲廠》，香港：瑋業出版社，2006。
16 收錄於黃仁逵散文集《放風》，香港：素葉出版社，1998。
17 節錄，選自關夢南詩集《看海的日子》，香港：風雅出版社，2008。原刊於《明報》「世紀版」。
18 選自西西詩集《西西詩集》，台北：洪範書店，2000。
19 選自黃燦然主編之《香港新詩名篇》。
20 選自王麗瓊等編之《港大．詩．人》。
21 節錄，選自潘步釗詩集《不老的叮嚀》，香港：匯智出版有限公司，2005。
22 選自鄭鏡明詩集《二十四味》，香港：匯智出版有限公司，2005。
23 選自鍾國強詩集《門窗風雨》，香港：青文書屋，2000。
24 聖經舊約雅歌：「愛情如死之堅強」。
25 節錄，選自王麗瓊等編之《港大．詩．人》。
26 選自溫乃堅詩集《溫乃堅詩集》，香港：香港文藝出版社，2001。
27 選自廖偉棠詩集《花園的角落，或角落的花園》，香港：東岸書店，

1999。

28 選自廖偉棠詩集《花園的角落，或角落的花園》。

29 節錄，選自洛楓詩集《飛天棺材》，香港：麥穗出版社，2007。

30 選自陳德錦詩集《如果時間可以》，香港：新穗出版社，1992。

31 香港的電車隊被譽為世界上（仍在服務中）最大雙層電車車隊，每日平均接載二十四萬人次的乘客。

4 開鎖人的曲別針——新詩無密碼，生命有宏圖

1 選自鍾偉民：《蝴蝶不哭泣》，香港：突破出版社，1991。

2 選自*Paths*, 1973。

6 蒙塔來的祕密——讀〈也許，一天清晨〉

1 劉儒庭譯：《蒙塔萊詩選》，台北：桂冠圖書公司，1994。

2 Translated into English by Dr Fiamma Ferraro（fiafer@yahoo.com）.

7 大亨不大，小傳不小——為李安納度重讀《大亨小傳》

1 中文譯本選自喬志高譯：《大亨小傳》，台北：桂冠圖書公司，1993。

12 殘酷，生命的本質——讀麥樹堅散文集《絢光細瀧》

1 本文提及的三篇散文均收入麥樹堅的散文集《絢光細瀧》（香港：匯智出版有限公司，2016）中。這是一本水平極高的散文集，不可錯過。

14 路雅的路——讀路雅的信仰詩

1 基督教華人教會習慣用「祢」字代替「您」，作為上帝的代詞，路雅作品沿用，下同。一般來說，「祢」是「禰」的簡寫（見《現代漢語詞典》）。

2 唐李白〈行路難〉其二。

3 唐王維〈過香積寺〉。

4 請參考新約馬可福音九章24節。

15 上帝在沙上書寫——讀托馬斯·特朗斯特羅默的作品

1 除了引錄的第一首詩〈軌道〉，這篇筆記裏的譯詩都是我依照羅伯特·布來（Robert Bly）的英譯本轉譯的，因為當時我買不到羅伯特·赫斯（Robert Hass）編輯的 *Tomas Tranströmer: Selected Poems 1954~1986*（《特朗斯特羅默：詩選 1954～1986》）。未幾，網上書店即又電郵來說書找到了。我寫這第二部分的時候，書寄到了。因此，翻譯特朗斯特羅默的詩作時，我有機會參考不同譯者（例如梅·史文舜〔May Swenson〕，羅賓·富爾頓〔Robin Fulton〕等）的英譯。詩人於二○一一年獲獎後，他的詩集又出版了不少，包括馬悅然的中譯。

2 〈特朗斯特羅默：黑暗怎樣焊住靈魂的銀河〉，自《時間的玫瑰》，香港：牛津大學出版社，2005。

3 Jenifer Whiting, "The Recognition of Fatih in the Poetry of Tomas Tranströmer," *Logos: A Journal of Catholic Thought and Culture* 7.4 (2004): 65～79.

4 見〈特朗斯特羅默：黑暗怎樣焊住靈魂的銀河〉，自《時間的玫瑰》，頁171。

5 這是胡國賢（羈魂）轉譯自英文的譯本。

6 筆者轉譯自 Samuel Charters 的英譯本。

7 筆者轉譯自羅伯特·布來的英譯本。

8 筆者轉譯自羅伯特·布來的英譯本。

9 筆者轉譯自 Joanna Bankier 之英譯本。

10 筆者轉譯自羅伯特·布來的英譯本。

16 誠實的靈魂——讀 R. S. 托馬斯詩作隨筆

1 這篇隨筆所引錄的詩，都是收進選集 *Collected Poems, 1945~1990*（London: Phoenix, 2000）與合集*Collected Later Poems, 1988~2000*（Northumberland: Bloodaxe Books, 2004）裏的作品，若非註明，都是我自己翻成中文的，過程中得到大學同學鍾茂華先生（他是我們全班公認的世外高人）的幫忙和指導，才把這許多首詩都譯出來了。我在這裏特別向他道謝。

2 "At the End"，鍾茂華譯，原錄於 *No Truce with the Furies*（Northumberland: Bloodaxe Books, 1995），英文原作現收於 R. S. Thomas, *Collected Later Poems, 1988~2000*。

3 “Kneeling”，原錄於 *Not That He Brought Flowers*（London, Hart-Davis, 1968），現收於 R. S. Thomas, *Collected Poems, 1945~1990*。

4 “Praise”，原錄於 *The Way of It*，現收於 R. S. Thomas, *Collected Poems, 1945~1990*。

5 “The Porch”，原錄於 *Frequencies*，現收於 R. S. Thomas, *Collected Poems, 1945~1990*。

6 “Near and Far”，原錄於 *No Truce with the Furies*，現收於 R. S. Thomas, *Collected Later Poems, 1988~2000*。

7 “Finality”，原錄於 *Residues*，現收於 R. S. Thomas, *Collected Later Poems, 1988~2000*。

8 D. Z. Phillips, *R. S. Thomas: Poet of the Hidden God*, PA：Pickwick Publications, 1986, p 171.

9 “After Jericho”，原錄於 *Frequencies*，現收於 R. S. Thomas, *Collected Poems, 1945~1990*。

10 “Lost Christmas”，原錄於 *Young and Old*，現收於 R. S. Thomas, *Collected Poems, 1945~1990*。

11 “Tramp”，原錄於 *Tares*，現收於 R. S. Thomas, *Collected Poems, 1945~1990*。

12 “Calling”，原錄於 *Experimenting with an Amen*，現收於 R. S. Thomas, *Collected Poems, 1945~1990*。

13 “Anniversary”，原錄於 *Tares*，現收於 R. S. Thomas, *Collected Poems, 1945~1990*。

14 選自*The Man Who Went into the West: The Life of R. S. Thomas* (London: Aurum Press, 2007), p 299。

15 “A Marriage”，原錄於 *Mass for Hard Times*，現收於 R. S. Thomas, *Collected Poems, 1945~1990*及R. S. Thomas, *Collected Later Poems, 1988~2000*。

16 “The Return”，原錄於 *Song at the Year's Turning*，現收於 R. S. Thomas, *Collected Poems, 1945~1990*。

17 “Groping”，原錄於 *Frequencies*，現收於 R. S. Thomas, *Collected Poems, 1945~1990*。

18 R. S. Thomas, *Song at the Year's Turning* (London: Rupert Hart-Davis, 1965).

19 “The Maker”，原錄於 *Tares*，現收於 R. S. Thomas, *Collected Poems, 1945~1990*。

20 “Gravestone”，原錄於 *Residues*，現收於 R. S. Thomas, *Collected Later*

Poems, 1988~2000。

21 "After Jericho"，原錄於 *Frequencies*，現收於 R. S. Thomas, *Collected Poems, 1945~1990*。

22 "The Flower"，原錄於 *Laboratories of the Spirit*，現收於 R. S. Thomas, *Collected Poems, 1945~1990*。

23 "A Life"，原錄於 *Experimenting with an Amen*，現收於 R. S. Thomas, *Collected Poems, 1945~1990*。

延伸閱讀

I　個人詩集

1. 王良和：《尚未誕生》。香港：東岸書店，1999。
2. 西西：《西西詩集》。台北：洪範書店，2000。
3. 何福仁：《飛行的禱告》。香港：素葉出版社，2007。
4. 洛楓：《飛天棺材》。香港：麥穗出版有限公司，2007。
5. 胡燕青：《攀援之歌》。香港：基督教文藝出版社，2000。
6. 梁秉鈞：《蔬菜的政治》。香港：牛津大學出版社，2006。
7. 梁秉鈞：《雷聲與蟬鳴》。香港：大拇指半月刊，1978 。
8. 陳德錦：《如果時間可以》。香港：新穗出版社，1992。
9. 溫乃堅：《溫乃堅詩集》。香港：香港文藝出版社，2001。
10. 溫明：《青山粉絲廠》。香港：瑋業出版社，2006。
11. 廖偉棠：《花園的角落，或角落的花園》。香港：東岸書店，1999。
12. 樊善標：《力學》。香港：振然出版社，1999。
13. 潘步釗：《不老的叮嚀》。香港：匯智出版有限公司，2005。
14. 鄭鏡明：《二十四味》。香港：匯智出版有限公司，2005。
15. 鍾國強：《生長的房子》。香港：青文書屋，2004。
16. 鍾國強：《門窗風雨》。香港：青文書屋，2000。
17. 關夢南：《看海的日子》。香港：風雅出版社，2008。
18. Tomas Tranströmer. *The Half-Finished Heaven: The Best Poems of Tomas Tranströmer*. Translated by Robert Bly. MN: Graywolf Press, 2001.
19. Tomas Tranströmer. *New Collected Poems*. Translated by Robin Fulton.

Northumberland: Bloodaxe Books, 2011.

II 詩選

1. 王麗瓊、吳美筠、胡燕青、胡國賢、葉輝編：《港大．詩．人》。香港：商務印書館，2007。
2. 林浩光編著：《香港新詩導賞》。香港：匯智出版有限公司，2008。
3. 葉輝、關夢南編著：《香港新詩選讀》。香港：風雅出版社，2002。
4. 黃燦然編著：《香港新詩名篇》。香港：天地圖書公司，2007。

III 散文集

1. 麥樹堅：《絢光細瀧》。香港：匯智出版有限公司，2016。

IV 關於 R. S. 托馬斯

1. Phillips, D. Z. *R. S. Thomas: Poet of the Hidden God*. PA: Pickwick, 1986.
2. Rogers, Byron. *The Man Who Went into The West, The Life of R. S. Thomas*. London: Aurum Press, 2006.
3. Thomas, R. S. *Collected Poems, 1945~1990*. London: Phoenix, 2000.
4. Thomas, R. S. *Collected Later Poems, 1988~2000*. Northumberland: Bloodaxe Books, 2004.
5. R. S. 托馬斯：《R. S. 托馬斯自選詩集：1946~1968》。程佳譯。石家莊：河北教育，2004。

讀者意見表

緊扣時代 服事教會

以文字傳揚基督真道

衷心多謝你購買本社書籍。本社一直致力以出版事工服事教會，幫助信徒扎根於神的話語，促進靈命增長。為使我們的出版更能滿足你的需要，請填寫下列各項資料，並寄回或傳真予本社。

所購書籍：______________________

本書最吸引你的地方：
□作者 □適切性 □文筆 □設計 □實用性
□其他：______________________

購買本書地點：
□基道書樓 □基督教書店 □非基督教書店

性別：□男 □女 職業：______________________

信仰：□基督徒 □非基督徒

年齡：□ 16 歲或以下 □ 17～25 歲 □ 26～35 歲
□ 36～55 歲 □ 56 歲或以上

學歷：□中三或以下 □中五 □預科
□大學 □研究院

□我欲更多了解基道出版社的事工及考慮支持，請寄給我下列資料：
□機構簡介 □新書資料 □基道會員通訊
□《基道文字事工通訊》

姓名：______________________ 電話：______________________

地址：______________________

____

傳真：______________________ 電子郵件：______________________

其他意見：______________________

____

多謝賜教！

意見表可以傳真（2687-0281）或直接郵寄以下地址：
香港沙田火炭坳背灣街26號富騰工業中心1011室
基道出版社編輯部收